中华人民共和国行业标准

公路养护预算编制导则

Regulations for Budgeting of Highway Maintenance

JTG 5610—2020

U0373982

主编单位：交通运输部路网监测与应急处置中心
批准部门：中华人民共和国交通运输部
实施日期：2021 年 01 月 01 日

人民交通出版社股份有限公司

北 京

图书在版编目（CIP）数据

公路养护预算编制导则：JTG 5610—2020 / 交通运输部路网监测与应急处置中心主编. — 北京：人民交通出版社股份有限公司，2020. 8

ISBN 978-7-114-16733-1

Ⅰ. ①公… Ⅱ. ①交… Ⅲ. ①公路养护—预算编制—行业标准—中国 Ⅳ. ①U418-65

中国版本图书馆 CIP 数据核字（2020）第 135822 号

标准类型： 中华人民共和国行业标准
标准名称： 公路养护预算编制导则
标准编号： JTG 5610—2020
主编单位： 交通运输部路网监测与应急处置中心
责任编辑： 李　沛
责任校对： 刘　芹
责任印制： 刘高彤
出版发行： 人民交通出版社股份有限公司
地　　址：（100011）北京市朝阳区安定门外外馆斜街 3 号
网　　址： http://www.ccpcl.com.cn
销售电话：（010）59757973
总 经 销： 人民交通出版社股份有限公司发行部
经　　销： 各地新华书店
印　　刷： 北京市密东印刷有限公司
开　　本： 880 × 1230　1/16
印　　张： 5.5
字　　数： 145 千
版　　次： 2020 年 8 月　第 1 版
印　　次： 2020 年12月　第 2 次印刷
书　　号： ISBN 978-7-114-16733-1
定　　价： 50.00 元

中华人民共和国交通运输部

公　　告

第 48 号

交通运输部关于发布《公路养护预算编制导则》的公告

现发布《公路养护预算编制导则》(JTG 5610—2020)，作为公路工程行业标准，自 2021 年 1 月 1 日起施行。原《公路养护工程预算编制导则》(JTG H40—2002) 同时废止。

《公路养护预算编制导则》(JTG 5610—2020) 的管理权和解释权归交通运输部，日常管理和解释工作由主编单位交通运输部路网监测与应急处置中心负责。

请各有关单位注意在实践中总结经验，及时将发现的问题和修改建议函告交通运输部路网监测与应急处置中心（地址：北京市朝阳区安定路 5 号院 8 号楼外运大厦 21 层，邮编编码：100029)，以便修订时研用。

特此公告。

中华人民共和国交通运输部

2020 年 7 月 2 日

交通运输部办公厅　　2020 年 7 月 3 日印发

前　言

根据交通运输部《关于下达2013年度公路工程行业标准制修订项目计划的通知》(厅公路字〔2013〕169号)的安排，由交通运输部路网监测与应急处置中心作为主编单位，负责《公路养护工程预算编制导则》(JTG H40—2002)的修订工作。

本次修订工作是对《公路养护工程预算编制导则》(JTG H40—2002)(以下简称"原导则")的全面修订。本次修订旨在指导和规范公路养护造价依据和造价文件的编制，规范公路养护预算编制和管理，推动公路养护造价文件编制标准化、信息化。

本导则是公路养护造价文件编制与管理的总领性准则，是公路养护造价类标准制修订及规范造价文件管理时应依照的基础性标准。本次修订工作结合了财政、预算管理制度和公路养护管理体制改革的新形势，遵循公路养护标准规范要求，结合公路养护和管理工作实际情况，以及养护资金申请和使用要求等编制而成。同时，本次修订工作还吸收了原导则实施以来我国公路养护管理的经验，广泛征求了各级交通运输主管部门和行业内专家学者意见，并经反复讨论修改而成。

本导则由5章、4个附录组成，分别是：1总则，2养护预算费用组成，3养护检查，4日常养护，5养护工程，附录A公路养护预算表格样式，附录B养护工程预算项目表，附录C设备与材料的划分标准，附录D全国风沙地区公路施工区划分表。本导则将原导则的"公路养护工程预算"改为"公路养护预算"，扩大了导则的适用范围，由仅适用于公路养护工程扩大到适用于养护检查、日常养护、养护工程；增列了养护检查、日常养护等方面的内容；针对养护工程进行了工程类别的划分；针对不同费用给出了不同的计算方法。

请各有关单位在执行过程中，将发现的问题和修改意见，函告交通运输部路网监测与应急处置中心(地址：北京市朝阳区安定路5号院8号楼外运大厦21层；联系人：方申；邮编：100088；电话：010-65299193；传真：010-65299196；邮箱：lwzxzj@163.com)，以便下次修订时参考。

主 编 单 位：交通运输部路网监测与应急处置中心

参 编 单 位：广东省交通运输工程造价事务中心
国道网(北京)交通科技有限公司
交通运输部公路科学研究院
深圳高速工程顾问有限公司
北京交科公路勘察设计研究院有限公司
中交第一公路勘察设计研究院有限公司

主　　　编： 方　申

主要参编人员： 李　宁　王彩仙　杨志朴　易万中　陈同生　王燕平　侯　波　帖卉霞　李　燕　王　博　王晓宇　李　征　侯　旭

主　　　审： 赵晞伟

参与审查人员： 王松波　张建军　燕　科　杨　亮　张慧彧　花　蕾　蔡小秋　黄成造　李春风　胡文友　王增贤　张玉宏　王新田　范　忠　姚　沅　舒　森

目　次

1　总则

1.0.1　为指导公路养护造价依据和造价文件的编制，规范公路养护预算编制和管理，推动公路养护造价文件编制标准化，制定本导则。

1.0.2　本导则适用于公路养护造价依据和养护预算的编制和管理工作。

1.0.3　公路养护预算是合理确定养护资金需求、编制养护年度计划的依据，也是向有关部门申请公路养护资金的依据。

1.0.4　公路养护预算的编制除应符合本导则的规定外，尚应符合国家和行业现行有关标准的规定。

2 养护预算费用组成

2.0.1 公路养护预算分为养护检查费、日常养护费、养护工程费，如图 2.0.1 所示。

图 2.0.1 公路养护预算费用组成图

2.0.2 各项费用预算应通过表格反映，表格样式应符合本导则附录 A 的规定。

3 养护检查

3.1 费用组成

3.1.1 养护检查费包括经常巡查及检查费、定期检查及评定费、专项检查及评定费、应急检查及评定费。

3.1.2 经常巡查及检查费是指对公路及其附属设施的使用状况、病害或缺损的严重程度进行的周期性日常巡查、经常检查和一般性判定所需的费用。经常巡查及检查频率、具体检查内容应按现行标准、规范，结合各类设施的特点执行。

3.1.3 经常巡查及检查费包括道路工程、桥涵工程、隧道工程、机电工程经常巡查及检查费。

1 道路工程包括路基工程、路面工程、交通工程及沿线设施、绿化工程。

2 桥涵工程包括桥梁工程、涵洞工程。

3 隧道工程包括隧道土建结构和其他工程设施，不含隧道机电设施。

4 机电工程包括路段机电设施、桥梁机电设施及隧道机电设施。

3.1.4 定期检查及评定费是指对公路及其附属设施的技术状况进行的定期检查、技术状况评定所需的费用。定期检查频率、具体检查内容应按现行标准、规范，结合各类设施的特点执行。

3.1.5 定期检查及评定费包括道路工程、桥涵工程、隧道工程、机电工程定期检查及评定费。

3.1.6 专项检查及评定费是指对公路及其附属设施的详细技术状况，包括承载能力、通行能力、运行安全、抗灾能力和构造物性能等进行的专项检测、专项调查、专项评定所需的费用。

3.1.7 应急检查及评定费是指在自然灾害、交通事故等应急突发事件发生后，对公路及其附属设施所遭受的影响或可能遭受的次生灾害影响进行的详细调查、检测、评定所需的费用。

3.2 计算方法

3.2.1 养护检查计算方法应符合下列规定：

1 经常巡查及检查费、定期检查及评定费宜根据检查工程量乘以相应的养护检查费用指标进行计算。养护检查费用指标包括养护检查作业所需的人工费、材料费、机械(仪器仪表)使用费、措施费、企业管理费、规费、利润、税金、安全生产费、进出场费等。

2 专项检查及评定费宜根据专项检查及评定实际情况或合同编制。

3 应急检查及评定费宜按预算编制年前三个年度实际发生额的平均值预留。

3.2.2 养护检查费用指标值宜综合考虑各类养护检查特征制定。养护检查特征包括检查内容、检查频率、技术复杂程度、地形、路龄、气候、海拔、交通量、设施规模等。

3.2.3 经常巡查及检查费、定期检查及评定费指标宜分为高速公路、一级公路、二级公路、三级公路、四级公路五个级别。当年完成改扩建工程的路段应按改扩建之后的技术等级确定。同一线路不同技术等级应分别计算。

3.2.4 经常巡查及检查费指标应符合下列规定：

1 经常巡查及检查费指标应按不同公路等级制定。高速公路、一级公路宜根据单向检查工作内容制定指标。

2 道路工程宜按平原微丘、山岭重丘等地形分别制定指标，单位为元/(公里·年)。

3 桥涵工程宜按桥梁工程、涵洞工程分别制定指标。桥梁工程宜按桥梁类型分别制定指标，单位为元/(米·年)。涵洞工程单位为元/(道·年)。

4 隧道工程宜按单洞检查工作内容制定指标，单位为元/(米·年)。

5 机电设施宜按隧道机电设施、其他机电设施分别制定指标，单位为元/(公里·年)或元/(米·年)。

6 各地可根据养护特点，在本导则基础上细化指标分类。

3.2.5 经常巡查及检查工程量应符合下列规定：

1 高速公路、一级公路道路工程工程量为双向路基长度之和，二级公路、三级公路、四级公路道路工程工程量为路基长度，单位为公里。连接线、匝道长度可根据各地实际情况制定折算系数。

2 高速公路、一级公路桥梁工程工程量为桥梁双幅长度之和，二级公路、三级公路、四级公路桥梁工程工程量为桥梁长度，单位为米。涵洞工程工程量单位为道。

3 隧道工程工程量为隧道单洞长度，单位为米。

4　隧道机电设施工程量为隧道单洞长度，单位为米。

5　高速公路、一级公路其他机电设施工程量为双向路线长度(扣减隧道长度)，二级公路、三级公路、四级公路其他机电设施工程量为路线长度(扣减隧道长度)，单位为公里。

3.2.6　定期检查及评定费指标应符合下列规定：

1　道路工程宜按单车道检查及评定内容制定指标，单位为元/(公里·车道·年)。

2　桥涵工程应按桥梁工程、涵洞工程分别制定指标。桥梁工程宜按桥梁结构类型分别制定指标。高速公路、一级公路桥梁工程指标宜按单幅检查工作内容制定，单位为元/(米·年)。涵洞工程单位为元/(道·年)。

3　隧道工程宜按单洞检查及评定内容制定指标，单位为元/(米·年)。

4　机电设施宜按隧道机电设施、其他机电设施分别制定指标。隧道机电设施单位为元/(米·年)，其他机电设施单位为元/(公里·年)。

5　各地可根据养护特点，在本导则基础上细化指标。

3.2.7　定期检查及评定工程量应符合下列规定：

1　道路工程工程量为列入预算年定期检查及评定计划的各条车道长度之和，单位为公里。

2　高速公路、一级公路桥梁工程工程量为列入预算年定期检查及评定计划的桥梁双幅长度之和，二级公路、三级公路、四级公路桥梁工程工程量为列入预算年定期检查及评定计划的桥梁长度，单位为米。涵洞工程工程量单位为道。

3　隧道工程工程量为列入预算年定期检查及评定计划的隧道单洞长度，单位为米。

4　隧道机电设施工程量为列入预算年定期检查及评定计划的隧道单洞长度，单位为米。

5　高速公路、一级公路其他机电设施工程量为列入预算年机电设施定期检查及评定计划的双向路线长度(扣减隧道长度)，二级公路、三级公路、四级公路其他机电设施工程量为列入预算年机电设施定期检查及评定计划的路线长度(扣减隧道长度)，单位为公里。

4 日常养护

4.0.1 日常养护费指为保证公路及其附属设施的服务质量和水平而开展清洁、维护等日常保养，以及对轻微损坏或缺陷等局部一般病害的日常修复作业所需要的费用。

4.0.2 日常养护费包括道路工程、桥涵工程、隧道工程、机电工程、房建工程日常养护费。

1 道路工程包括路基工程、路面工程、交通工程及沿线设施、绿化工程。

2 桥涵工程包括桥梁工程、涵洞工程。

3 隧道工程包括隧道土建结构和其他工程设施，不含隧道机电设施。

4 机电工程包括路段机电设施、桥梁机电设施及隧道机电设施。

5 房建工程包括公路沿线各类房屋工程及场区工程。

4.0.3 日常养护费宜根据日常养护工程量乘以日常养护费用指标进行计算。日常养护费用指标包括日常养护作业所需的人工费、材料费、机械使用费、设备购置费、措施费、企业管理费、规费、利润、税金、安全生产费、施工场地建设费、施工进出场费等。

4.0.4 日常养护费用指标应符合下列规定：

1 日常养护费用指标宜分为高速公路、一级公路、二级公路、三级公路、四级公路五个级别。

2 日常养护费用指标包括道路工程、桥梁工程、隧道工程、机电工程、房建工程。

3 道路工程高速公路、一级公路宜按单向日常养护工作内容制定指标，二级公路、三级公路、四级公路宜按双向日常养护工作内容制定指标。

4 桥涵工程应按桥梁工程、涵洞工程分别制定指标。桥梁工程宜按单幅桥梁土建工程日常养护工作内容制定指标，并宜按桥梁结构类型分别制定指标，单位为元/(米·年)。涵洞工程宜按一道涵洞日常养护工作内容制定指标，单位为元/(道·年)。

5 隧道工程应按单洞日常养护工作内容制定指标，并宜根据隧道长度分别制定指标，单位为元/(米·年)。

6 机电设施宜按隧道机电设施、其他机电设施分别制定指标。隧道机电设施宜按单洞隧道机电设施日常养护工作内容制定指标，并宜根据隧道长度分别制定指标，单位为元/(米·年)。其他机电设施宜按单向公路隧道外的机电设施制定指标，单位为元/(公里·年)。

7　房建工程宜按建筑面积制定指标，单位为元/(平方米·年)。

8　日常养护费用指标宜根据公路所处地区、车道数、交通量、路龄、海拔、地形等影响因素制定调整系数。

9　各地可根据养护特点，在本导则基础上细化指标分类。

4.0.5　日常养护工程量应符合下列规定：

1　高速公路、一级公路道路工程工程量为双向路基长度之和，二级公路、三级公路、四级公路道路工程工程量为路基长度，单位为公里。连接线、匝道长度可根据各地实际情况制定折算系数。

2　高速公路、一级公路桥梁工程工程量为桥梁双幅长度之和，二级公路、三级公路、四级公路桥梁工程工程量为桥梁长度，单位为米。涵洞工程工程量单位为道。

3　隧道工程工程量为隧道单洞长度，单位为米。

4　隧道机电设施工程量为隧道单洞长度，单位为米。

5　高速公路、一级公路其他机电设施工程量为双向路线长度(扣减隧道长度)，二级公路、三级公路、四级公路其他机电设施工程量为路线长度(扣减隧道长度)，单位为公里。

6　房屋工程工程量为公路沿线各类房屋的建筑面积，单位为平方米。

5 养护工程

5.1 基本规定

5.1.1 养护工程是指在一段时间内集中实施并按照项目进行管理的公路养护作业。

5.1.2 养护工程费按照养护目的和养护对象，分为预防养护费、修复养护费、专项养护费、应急养护费。

5.1.3 预防养护费、修复养护费、专项养护费编制预算时，应根据本导则及现行部、省级交通运输主管部门颁布的造价依据的相关规定进行编制。编制预算时应根据现行造价依据规定的人工、材料与设备、施工机械台班消耗量以及预算编制时工程所在地的人工费工日单价、材料预算单价和施工机械台班单价，计算养护工程项目的人工费、材料费、设备购置费和施工机械使用费，再按本导则及现行部、省级交通运输主管部门颁布的造价依据的相关规定计算其他各项费用。

5.1.4 应急养护费宜按预算编制年前三个年度实际发生额的平均值计列。

5.1.5 本导则及配套定额未包含的专业工程的建筑安装工程费可按相应行业定额及规定进行计算，其他费用应按本导则规定执行。

5.1.6 公路养护工程造价文件分多段编制时，按累进制计算的费用应以各段合计的定额建筑安装工程费为基数进行计算。

5.1.7 养护工程预算编制应依据下列内容编制：

1 国家发布的有关法律、法规等。

2 工程所在地省级交通运输主管部门发布的公路养护造价依据及相关规定等。

3 工程可行性研究报告或技术设计批(核)准文件或养护工程设计文件(含施工方案及交通组织设计)等有关资料。

4 工程所在地的人工、材料与设备、施工机械价格等。

5 有关合同、协议等。

6 其他有关资料。

5.1.8 养护工程预算文件组成应符合下列规定：

1 养护工程预算文件由封面、扉页、目录、编制说明及全部计算表格组成。

2 编制说明宜包括下列内容：

1）编制范围、工程概况等。

2）养护工程项目设计资料的依据及有关文号。

3）采用的定额、费用标准，人工、材料与设备、施工机械台班预算单价的依据或来源，补充定额及编制依据的详细说明等，并将补充定额作为附件附说明之后。

4）有关的委托书、协议书、会议纪要的主要内容，或将文件附后。

5）预算总金额，人工、钢材、水泥、沥青等材料的总数量。各设计方案的技术经济比较。编制中存在的问题。

6）其他有关费用计算项及计价依据的说明。

7）其他需要说明的问题。

3 材料与设备、施工机械台班单价及各项费用的计算宜通过统一表格表述，表格样式宜符合本导则附录 A 的规定。

4 养护工程预算文件可按不同的需要分为甲、乙组文件，并应符合下列规定：

1）甲组文件为各项费用计算表，乙组文件为养护工程建筑安装工程费各项基础数据计算表。甲、乙组文件应按相关设计文件报送份数的要求，随设计文件一并报送，并同时提交可计算的造价电子数据文件和新工艺单价分析的详细资料。

2）乙组文件中的“分项工程预算表”（3-11 表）可只提交电子版，或按需要提交纸质版。

3）养护工程预算应按一个养护工程项目分类进行编制，当一个养护工程项目需要分段或分部编制时，可根据需要分别编制，但应汇总编制“养护工程预算汇总表”。还应汇总编制“公路养护预算汇总表”。

4）甲、乙组文件包括的内容如图 5.1.8 所示。

甲组文件：
- 1 编制说明
- 2 养护工程预算汇总表(3-00-1表)
- 3 人工、材料、设备、施工机械台班数量单价汇总表(3-00-2表)
- 4 养护工程预算表(3-01表)
- 5 人工、材料、设备、施工机械台班数量单价表(3-02表)
- 6 建筑安装工程费计算表(3-03表)
- 7 措施费、企业管理费及规费综合费率计算表(3-04表)
- 8 措施费、企业管理费及规费综合费用计算表(3-05表)
- 9 设备费计算表(3-06表)
- 10 土地使用及拆迁补偿费计算表(3-07表)
- 11 养护工程其他费计算表(3-08表)
- 12 人工、材料、施工机械台班单价表(3-09表)

乙组文件：
- 1 分项工程费用计算数据表(3-10表)
- 2 分项工程预算表(3-11表)
- 3 材料预算单价计算表(3-12表)
- 4 自采材料料场价格计算表(3-13表)
- 5 材料自办运输单位运费计算表(3-14表)
- 6 施工机械台班单价计算表(3-15表)
- 7 辅助生产人工、材料、施工机械台班数量(3-16表)

图 5.1.8 甲、乙组文件包括的内容

5.1.9 各种表格的计算顺序和相互关系如图5.1.9所示。

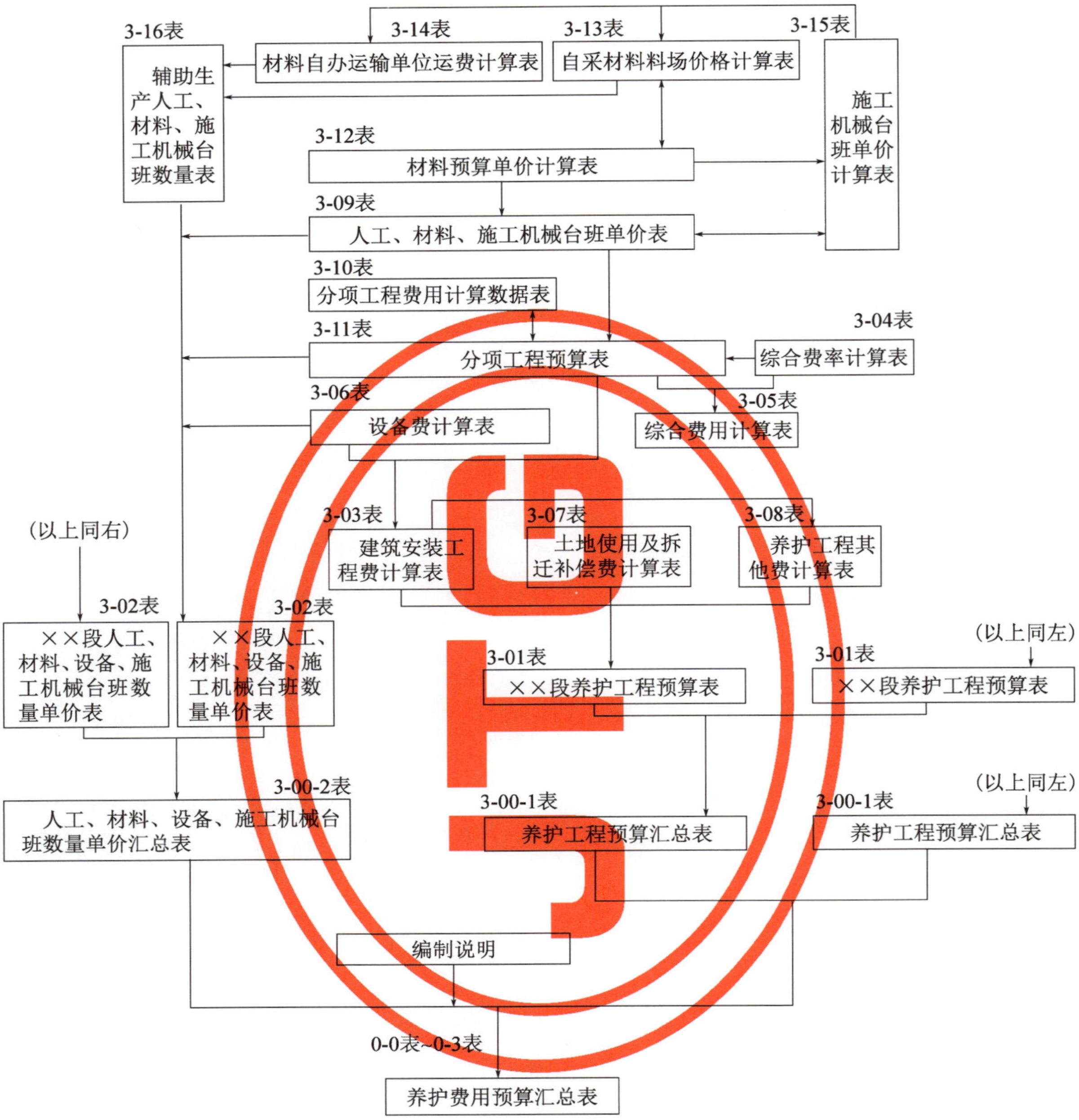

图5.1.9 各种表格的计算顺序和相互关系

5.1.10 养护工程预算项目应按本导则附录B的编号及内容编制。当实际出现的工程和费用项目与项目表的内容不相符时，第一、二、三、四部分和“项”的序号、内容应保留不变，项目表中“项”以下的分项在引用时应保持序号、内容不变，缺少的分项内容可随需要增加，并按项目表的顺序以实际出现的级别依次排列，不保留“项”以下缺少的项目序号和内容。养护工程预算项目主要内容参见图5.1.10，详见本导则附录B。

第一部分　建筑安装工程费
　　第一项　临时工程
　　第二项　路基工程
　　第三项　路面工程
　　第四项　桥涵工程
　　第五项　隧道工程
　　第六项　交叉工程
　　第七项　交通工程及沿线设施
　　第八项　绿化及环境保护工程
　　第九项　其他工程
　　第十项　专项费用
第二部分　土地使用及拆迁补偿费
第三部分　养护工程其他费
第四部分　预备费

图 5.1.10　养护工程预算项目主要内容

5.1.11　养护工程预算费用组成如图 5.1.11 所示。

- 养护工程预算总金额
  - 建筑安装工程费
    - 直接费
      - 人工费
      - 材料费
      - 施工机械使用费
    - 设备购置费
    - 措施费
      - 基本措施费
      - 施工进出场费
      - 特殊地区施工增加费
        - 高原地区施工增加费
        - 风沙地区施工增加费
        - 沿海地区施工增加费
      - 行车干扰施工增加费
    - 企业管理费
    - 规费
      - 养老保险费
      - 失业保险费
      - 医疗保险费
      - 工伤保险费
      - 住房公积金
    - 利润
    - 税金
    - 专项费用
      - 施工场地建设费
      - 安全生产费
  - 土地使用及拆迁补偿费
  - 养护工程其他费用
    - 养护工程项目管理费
      - 养护管理单位项目管理费
      - 养护工程项目信息化费
      - 工程监理费
      - 设计文件审查费
      - 竣（交）工验收试验检测费
    - 研究试验费
    - 前期工作费
    - 专项评价（估）费
    - 工程保通管理费
    - 工程保险费
    - 其他费用
  - 预备费
    - 基本预备费
    - 价差预备费

图 5.1.11　养护工程预算费用的组成

5.2 建筑安装工程费

5.2.1 建筑安装工程费包括直接费、设备购置费、措施费、企业管理费、规费、利润、税金和专项费用。建筑安装工程费中除专项费用外，其他均按“价税分离”计价规则计算，即各项费用均以不含增值税可抵扣进项税额的价格(费率)进行计算，具体要素价格适用的增值税税率执行财税部门的相关规定。

5.2.2 定额建筑安装工程费包括定额直接费、定额设备购置费的40%、措施费、企业管理费、规费、利润、税金和专项费用。定额直接费包括定额人工费、定额材料费、定额施工机械使用费。定额人工费、定额材料费、定额施工机械使用费指按现行造价依据规定的人工、材料、机械台班单价计算的费用。

5.2.3 直接费是指施工过程中耗费的构成工程实体和有助于工程形成的各项费用，包括人工费、材料费、施工机械使用费。

1 人工费是指列入养护工程预算定额的直接从事建筑安装工程施工的生产工人开支的各项费用。

1）人工费内容包括：

——计时工资或计件工资：指按计时工资标准和工作时间或对已做工作按计件单价支付给个人的劳动报酬（含个人应缴纳的养老保险、失业保险、医疗保险、工伤保险、住房公积金）。

——津贴、补贴：指为了补偿职工特殊或额外的劳动消耗和因其他特殊原因支付给个人的津贴，以及为了保证职工工资水平不受物价影响支付给个人的物价补贴。如流动施工津贴、特殊地区施工津贴、高温（寒）作业临时津贴、高空津贴等。

——特殊情况下支付的工资：指根据国家法律、法规和政策规定，因病、工伤、产假、计划生育假、婚丧假、事假、探亲假、定期休假、停工学习、执行国家或社会义务等原因按计时工资标准或计时工资标准的一定比例支付的工资。

2）人工费以养护工程预算定额人工工日数乘以综合工日单价计算。

3）人工工日单价由省级交通运输主管部门制定发布，并适时进行动态调整。人工工日单价仅作为编制养护工程预算的依据，不作为施工企业实发工资的依据。

2 材料费指养护工程施工过程中耗用的构成工程实体或修复完善既有工程所需的原材料、辅助材料、构配件、零件、半成品或成品等，按工程所在地的材料价格计算的费用。

1）材料预算价格由材料原价、运杂费、场外运输损耗、采购及保管费组成。

2）材料预算价格 =（材料原价 + 运杂费）×（1 + 场外运输损耗率）×（1 + 采购及保管费率）− 包装品回收价值。

——各种材料原价按下列规定计算：

a）外购材料：外购材料价格参照本行政区域内交通运输主管部门发布的价格和调查的市场价格进行综合取定。

b）自采材料：自采的砂、石、黏土等自采材料，按材料采集定额计算的开采单价加辅助生产间接费、规费、高原地区施工增加费、矿产资源税等计算。

——运杂费指材料自供应地点至工地仓库（施工地点存放材料的地方）的运杂费用，包括装卸费、运费，如果发生，还应计囤存费及其他杂费（如过磅、标签、支撑加固、路桥通行等费用）。

通过铁路、水路和公路运输的材料，按调查的市场运价计算运费。

a）自办运输：按材料运输定额计算的单位运价加辅助生产间接费和规费及路桥通行费等。

b）一种材料当有两个以上的供应点时，应根据不同的运距、运量、运价采用加权平均的方法计算运费。由于养护工程预算定额中已考虑了工地运输的特点，以及定额中已计入了“工地小搬运”的费用，因此汽车运输平均运距中不得乘调整系数，也不得在工地仓库或堆料场之外再加场内运距或二次倒运的运距。

c）有容器或包装的材料及长大轻浮材料，应按表 5. 2. 3-1 规定的毛质量计算。桶装沥青、汽油、柴油按每吨摊销一个旧汽油桶计算包装费（不计回收）。

表 5. 2. 3-1　材料毛质量系数及单位毛质量

材 料 名 称	单位	毛质量系数	单位毛质量
爆破材料	t	1. 35	—
水泥、块状沥青	t	1. 01	—
铁钉、铁件、焊条	t	1. 10	—
液体沥青、液体燃料、水	t	桶装 1. 17，油罐车装 1. 00	—
木料	m^3	—	原木 0. 750t，锯材 0. 650t
草袋	个	—	0. 004t

——场外运输损耗指有些材料在正常的运输过程中发生的损耗。材料场外运输操作损耗率见表 5. 2. 3-2。

表 5. 2. 3-2　材料场外运输损耗率（%）

材 料 名 称		场外运输（包括一次装卸）	每增加一次装卸
块状沥青		0. 5	0. 2
石屑、碎砾石、砂砾、煤渣、工业废渣、煤		1. 0	0. 4
砖、瓦、桶装沥青、石灰、黏土		3. 0	1. 0
草皮		7. 0	3. 0
水泥（袋装、散装）		1. 0	0. 4
砂	一般地区	2. 5	1. 0
	风沙地区	5. 0	2. 0

注：汽车运水泥，当运距超过 500km 时，袋装水泥损耗率增加 0. 5 个百分点。

——采购及保管费：

a）材料采购及保管费指在组织采购、保管过程中，所需的各项费用及工地仓库的材料储存损耗。

b）材料采购及保管费以材料的原价加运杂费及场外运输损耗的合计数为基数，乘以采购保管费率计算。

c）钢材的采购及保管费费率为0.75%；燃料、爆破材料的采购及保管费费率为3.26%；其余材料为2.06%。商品水泥混凝土、沥青混合料和各类稳定土混合料、外购的构件、成品及半成品的预算价格计算方法与材料相同。商品水泥混凝土、沥青混合料和各类稳定土混合料不计采购保管费，外购的构件、成品及半成品的采购保管费费率为0.42%。

3 施工机械使用费指列入养护工程预算定额的工程机械和工程仪器仪表台班数量，按相应的施工机械台班费用定额计算的费用等。

1）工程机械使用费。机械台班预算价格应按现行的造价依据中规定的价格计算，机械台班单价由不变费用和可变费用组成。不变费用包括折旧费、检修费、维护费、安拆辅助费等；可变费用包括机上人员人工费、动力燃料费、车船税。可变费用中的人工工日数及动力燃料消耗量，应以机械台班费用定额中的数值为准。台班人工费工日单价同生产工人人工费单价。动力燃料费用则按材料费的计算规定进行计算。

2）工程仪器仪表使用费指机电工程施工作业所发生的仪器仪表使用费，以施工仪器仪表台班耗用量乘以施工仪器仪表台班单价计算。

——工程仪器仪表台班预算价格应按现行的造价依据中规定的价格计算。台班人工费工日单价同生产工人人工费单价。动力燃料费用则按材料费的计算规定计算。

——当工程用电为自行发电时，电动机械每千瓦时(kW·h)电的单价按式(5.2.3)计算。

$$A = 0.15K/N \tag{5.2.3}$$

式中：A——每千瓦时(kW·h)电的单价(元/kW·h)；

K——发电机组的台班单价(元)；

N——发电机组的总功率(kW)。

5.2.4 设备购置费指为满足公路养护工程项目运营和管理需要购置的构成固定资产标准的设备和虽低于固定资产标准但属于设计明确列入设备清单的设备的费用，包括渡口设备，隧道照明、消防、通风的动力设备，公路收费、监控、通信、供配电及照明、路网运行监测、应急处置、出行服务设备等。

1 设备购置费应由设计单位列出计划购置的清单(包括设备的规格、型号、数量)，以设备预算价计入。

2 设备购置费包括设备原价、运杂费、运输保险费、采购及保管费。各种税费按编制期有关部门规定计算。

3 需要安装的设备，按建筑安装工程费的有关规定计算设备的安装工程费。设备与材料的划分标准见本导则附录 C。

5.2.5 工程类别划分：

1 路基：指养护工程的路基土、石方工程，排水、防护工程、特殊路基处理、路面附属工程、便道、涵洞、通道涵、交通安全设施[金属标志、钢护栏、防眩板(网)、隔离栅除外]、绿化与环境保护工程、临时工程、拌和设备安装和拆除等。

2 运输：指公路养护工程中用汽车、拖拉机、机动翻斗车、船舶等运送的土石方、路面基层和面层混合料、水泥混凝土及预制构件、绿化苗木等工作。

3 路面：指路面(包括桥面铺装、隧道路面)的所有结构层工程。

4 隧道：指隧道土建工程。

5 桥梁：指小桥、中桥、大桥、特大桥工程。

6 机电：指收费、监控、通信、隧道通风、供配电及照明、消防等设施。

7 钢材及钢结构：指养护工程所用的所有钢材和交通安全设施中的金属标志、钢护栏、防眩板(网)、隔离栅及钢结构等工程。

5.2.6 购买的路基填料、绿化苗木、商品水泥混凝土、商品沥青混合料和各类稳定土混合料、外购混凝土构件不作为企业管理费的计算基数。

5.2.7 高原地区海拔超过 3 000m 的养护工程项目，可根据海拔高度制定措施费、企业管理费调整系数。

5.2.8 措施费包括基本措施费用、施工进出场费、特殊地区施工增加费、行车干扰施工增加费。

1 基本措施费用包括冬季施工增加费、雨季施工增加费、夜间施工增加费、施工辅助费、工地转移费。

1）冬季施工增加费指按照公路养护工程施工及验收规范所规定的冬季施工要求，为保证工程质量和安全生产所需采取的防寒保温设施、工效降低和机械作业效率降低，以及技术操作过程的改变等所增加的有关费用。冬季施工增加费的内容包括：

——因冬季施工所需增加的一切人工、机械与材料的支出。

——施工机械所需修建的暖棚(包括拆、移)，增加其他保温设备购置费用。

——因施工组织设计确定，需增加的一切保温、加温及照明等有关支出。

——清除工作地点的冰雪等与冬季施工有关的其他各项费用。

2）雨季施工增加费指雨季期间施工为保证工程质量和安全生产所需采取的防雨、排水、防潮和防护措施，工效降低和机械作业率降低以及技术作业过程的改变等所需增加的有关费用。雨季施工增加费的内容包括：

——因雨季施工所需增加的人工、材料、机械费用的支出，包括工作效率的降低及易被雨水冲毁的工程所增加的清理坍塌基坑和堵塞排水沟、填补路基边坡冲沟等工作内容。

——路基土方工程的开挖和运输，因雨季施工(非土壤中水影响)而引起的黏附工具而降低工效所增加的费用。

——因防止雨水必须采取的挖临时排水沟、防止基坑坍塌所需的支撑、挡板等防护措施费用。

——材料因受潮、受湿的耗损费用。

——增加防雨、防潮设备的费用。

——因河水高涨致使工作困难等其他有关雨季施工所需增加的费用。

3）夜间施工增加费指根据设计、施工技术规范和合理的施工组织要求，必须在夜间施工或必须昼夜连续施工而发生的夜班补助费，夜间施工降效、施工照明设备摊销及照明用电等费用。

4）施工辅助费包括生产工具用具使用费、检验试验费和工程监测费及工程定位复测、工程点交、场地清理等费用。

——生产工具用具使用费指施工所需不属于固定资产的生产工具、检验、试验用具及仪器、仪表等的购置、摊销和维修费，以及支付给生产工人自备工具的补贴费。

——检验试验费指施工企业对建筑材料、构件和建筑安装工程进行一般鉴定、检查所发生的费用，包括自设试验室进行试验所耗用的材料和化学药品的费用，以及技术革新和研究试验费，不包括新结构、新材料的试验费和养护单位要求对具有出厂合格证明的材料进行检验、对构件破坏性试验及其他特殊要求检验的费用。

——高填方和软基沉降监测、高边坡稳定监测、桥梁施工监测、隧道施工监控量测、超前地质预报等施工监控费含在施工辅助费中，不得另行计算。

5）工地转移费指施工企业迁至新工地的搬迁费用。工地转移费内容包括：

——施工单位职工及随职工迁移的家属向新工地转移的车费、家具行李运费、途中住宿费、行程补助费、杂费等。

——公物、工具、施工设备器材、施工机械的运杂费，以及外租机械的往返费及施工机械、设备、公物、工具的转移费等。

——非固定工人进退场的费用。

6）基本措施费以各类工程的定额人工费和定额施工机械使用费之和为基数，乘以费率。基本措施费费率应按不同工程类别制定，也可分地区制定。

2　施工进出场费指养护工程施工期间养护施工机械和接送施工人员的车辆，由施工驻地或停车场至施工作业点及转移施工作业点的往返行(空)驶费用(含通行费)。

1）施工进出场费以各类养护工程的定额人工费和定额施工机械使用费之和为基数，按表5.2.8-1制定费率。

2）施工进出场综合里程指施工驻地或停车场至施工作业点的平均运距。施工进出场综合里程在表列数值之间时，费率可内插计算。施工进出场距离在5km以内的养护工程按5km计。

表 5.2.8-1 施工进出场费费率(%)

工程类别	综合里程(km)							
	5	10	15	20	30	40	50	每增加 10
路基								
运输								
路面								
隧道								
桥梁								
机电								
钢材及钢结构								

3）封闭施工的养护工程施工进出场费，按表 5.2.8-1 规定的费率制定调整系数。

3 特殊地区施工增加费包括高原地区施工增加费、风沙地区施工增加费、沿海地区施工增加费。

1）高原地区施工增加费指在海拔 2 000m 以上地区施工，由于受气候、气压的影响，致使人工、机械效率降低而增加的费用。该费用以各类工程定额人工费与定额施工机械使用费之和为基数，按表 5.2.8-2 制定费率。一条路线通过两个以上（含两个）不同的海拔分区时，应分别计算高原地区施工增加费或按工程量比例求得平均的增加率，然后再计算全线高原地区施工增加费。

表 5.2.8-2 高原地区施工增加费费率(%)

海拔高度(m)	工 程 类 别						
	路基	运输	路面	隧道	桥梁	机电	钢材及钢结构
2 000 以下							
2 000 ~ 2 500							
2 500 ~ 3 500							
3 500 ~ 4 000							
4 000 ~ 4 300							
4 300 ~ 4 600							
4 600 ~ 4 800							
4 800 ~ 5 000							
5 000 以上							

2）风沙地区施工增加费指在沙漠地区施工时，由于受风沙影响，按施工及验收规范的要求，为保证工程质量和安全生产而增加的有关费用。内容包括防风、防沙及气候影响的措施费，人工、机械效率降低增加的费用，以及积沙、风蚀的清理修复等费用。

——全国风沙地区公路施工区划见本导则附录D。当地气象资料及自然特征与本导则附录D中的风沙地区划分有较大出入时，由项目所在地省级交通运输主管部门按当地气象资料和自然特征及上述划分标准确定工程所在地的风沙区划。

——一条路线穿过两个以上(含两个)不同风沙区时，按路线长度经过不同的风沙区加权计算项目全线风沙地区施工增加费。

——风沙地区施工增加费以各类工程的定额人工费和定额施工机械使用费之和为基数，根据工程所在地的风沙区划及类别，按表5.2.8-3制定费率。

表5.2.8-3　风沙地区施工增加费费率(%)

风沙区划		风沙一区			风沙二区			风沙三区		
		沙漠类型								
		固定	半固定	流动	固定	半固定	流动	固定	半固定	流动
工程类别	路基									
	运输									
	路面									
	隧道									
	桥梁									
	机电									
	钢材及钢结构									

3）沿海地区施工增加费指养护工程项目在沿海地区施工受海风、海浪和潮汐的影响，致使人工、机械效率降低等所需增加的费用。本项费用由沿海各省级交通运输主管部门制定具体的适用范围（地区）。沿海地区工程施工增加费以各类工程的定额人工费和定额施工机械使用费之和为基数，按表5.2.8-4制定费率。

表5.2.8-4　沿海地区施工增加费费率(%)

工程类别	费　率
桥梁	
钢材及钢结构	

注：表中的钢材及钢结构指桥梁工程所用的钢材及钢结构。

4　行车干扰施工增加费指由于边施工边维持通车，受行车干扰的影响，致使人工、机械效率降低而增加的费用。

1）对于采取封闭措施进行施工的养护工程或已修筑便道、便桥及不受行车干扰的工程不计取本项费用。

2）该费用以受行车影响部分工程项目的定额人工费和定额施工机械使用费之和为基数，按表5.2.8-5制定费率。

表 5.2.8-5　行车干扰施工增加费费率(%)

工程类别	施工期间平均每昼夜双向行车次数(机动车、非机动车合计)						
	2 500以下	2 501 ~ 3 500	3 501 ~ 5 000	5 001 ~ 10 000	10 001 ~ 15 000	15 001 ~ 20 000	20 000以上
路基							
运输							
路面							
隧道							
桥梁							
机电							
钢材及钢结构							

5.2.9　企业管理费包括基本费用、主副食运费补贴、职工探亲路费、职工取暖补贴和财务费用。

1　基本费用指建筑安装企业组织施工生产和经营管理所需的费用。基本费用包括：

1）管理人员工资：指管理人员的基本工资、绩效工资、津贴补贴及特殊情况下支付的工资以及缴纳的养老、医疗、失业、工伤保险费及住房公积金等。

2）办公费：指企业管理办公用的文具、纸张、账表、印刷、通信、网络、书报、办公软件、会议、水电、烧水和集体取暖降温（包括现场临时宿舍取暖降温）用煤（电、气）等费用。

3）差旅交通费：指职工因公出差、调动工作的差旅费、住勤补助费，市内交通费和误餐补助费，劳动力招募费，职工退休、退职一次性路费，工伤人员就医路费以及管理部门使用的交通工具的油料、燃料等费用。

4）固定资产使用费：指管理部门及附属生产单位使用的属于固定资产的房屋、设备等的折旧、大修、维修或租赁费。

5）工具用具使用费：指企业管理使用的不属于固定资产的工具、器具、家具、交通工具和检验、试验、测绘、消防用具等的购置、维修和摊销费。

6）劳动保险费：指企业支付的离退休职工的易地安家补助费、职工退职金、6个月以上的病假人员工资、职工死亡丧葬补助费、抚恤费、按规定支付给离休干部的各项经费。

7）职工福利费：指按国家规定标准计提的职工福利费。

8）劳动保护费：是企业按国家有关部门规定标准发放的劳动保护用品的购置费及修理费、防暑降温费、在有碍身体健康环境中施工的保健费用等。

9）工会经费：指企业根据《中华人民共和国工会法》的规定按全部职工工资总额比例计提的工会经费。

10）职工教育经费：指按职工工资总额的规定比例计提，企业为职工进行专业技术和职业技能培训，专业技术人员继续教育、职工职业技能鉴定、职业资格认定以及根据需要对职工进行各类文化教育所发生的费用，不含职工安全教育、培训费用。

11）保险费：指企业财产保险、管理用及生产用车辆等保险费用及人身意外伤害险的费用。

12）工程排污费：指施工现场按规定缴纳的排污费用。

13）税金：指企业按规定缴纳的城市维护建设税、教育费附加、地方教育附加、房产税、环境保护税、车船使用税、土地使用税、印花税等。

14）其他：指上述项目以外的其他必要的费用支出，包括技术转让费、技术开发费、竣（交）工文件编制费、招标投标费、业务招待费、绿化费、广告费、公证费、定额测定费、法律顾问费、审计费、咨询费以及施工标准化、规范化、精细化产生的管理费用等。

2　主副食运费补贴指施工企业在远离城镇及乡村的野外施工购买生活必需品所需增加的费用。

3　职工探亲路费指按有关规定发放给施工企业职工在探亲期间发生的往返交通费和途中住宿费等费用。

4　职工取暖补贴指按规定发放给施工企业职工的冬季取暖费和为职工在施工现场设置的临时取暖设施的费用。

5　财务费用指施工企业为筹集资金提供投标担保、预付款担保、履约担保、职工工资支付担保等所发生的各种费用，包括企业经营期间发生的短期贷款利息净支出、汇兑净损失、调剂外汇手续费、金融机构手续费，以及企业筹集资金发生的其他财务费用。

6　企业管理费以各类工程的定额直接费为基数，按表5.2.9制定费率。

表5.2.9　企业管理费费率(%)

工程类别	企业管理费费率
路基	
运输	
路面	
隧道	
桥梁	
机电	
钢材及钢结构	

5.2.10　规费指按法律、法规、规章、规程规定施工企业必须缴纳的费用。

1　规费包括：

1）养老保险费：施工企业按规定标准为职工缴纳的基本养老保险费。

2）失业保险费：施工企业按规定标准为职工缴纳的失业保险费。

3）医疗保险费：施工企业按规定标准为职工缴纳的医疗保险费（含生育保险费）。

4）工伤保险费：施工企业按规定标准为职工缴纳的工伤保险费。

5）住房公积金：施工企业按规定标准为职工缴纳的住房公积金。

2　各项规费以各类工程的人工费之和为基数，按国家或工程所在地法律、法规、规章、规程规定的标准计算。

5.2.11　利润指施工企业完成所承包工程获得的盈利，按定额直接费及措施费、企业管理费之和的7.42%计算。

5.2.12　税金指国家税法规定应计入建筑安装工程造价的增值税销项税额。增值税率按预算文件编制时国家税务总局规定的税率计算。计算公式见式(5.2.12)。

$$税金 = (直接费 + 设备购置费 + 措施费 + 企业管理费 + 规费 + 利润) \times 增值税税率 \quad (5.2.12)$$

5.2.13　专项费用包括施工场地建设费和安全生产费。

1　施工场地建设费包括：

1）承包人驻地、工地试验室建设，钢筋加工、混合料拌制、构件预制等所需的办公、生活居住房屋（包括职工家属房屋及探亲房屋），公用房屋（如广播室、文体活动室、医疗室等）和生产用房屋（如仓库、加工厂、加工棚、发电站、变电站、空压机站、停机棚、值班室等）等费用。

2）包括场区平整（山岭重丘区的土石方工程除外）、场地硬化、排水、绿化、标志、污水处理设施、围墙隔离设施等的费用，不包括钢筋加工的机械设备、混合料拌和设备及安拆、预制构件台座、预应力张拉设备、起重及养护设备，以及预算定额中临时工程的费用。

3）包括以上范围内的各种临时工作便道（包括汽车、人力车道）、人行便道，工地临时用水、用电的水管支线和电线支线，临时构筑物（如水井、水塔等）、其他小型临时设施等的搭设或租赁、维修、拆除、清理的费用；不包括红线范围内贯通便道、进出场的临时道路、保通便道。

4）工地试验室所发生的属于固定资产的试验设备和仪器等折旧、维修或租赁费用。

5）施工扬尘污染防治措施费：指裸露的施工场地覆盖防尘网、施工便道和施工场地洒水或喷洒抑尘剂，运输车辆的苫盖和冲洗、环境敏感区设置围挡，防尘标识设置，环境监控与检测等所需要的费用。

6）文明施工、职工健康生活的费用。

2　施工场地及临时设施应尽可能利用既有站场(厂)、房屋及设施等。养护工程确需计列施工场地建设费的应结合养护工程实际情况计列，或参照类似养护工程实际发生的施工场地建设费标准进行计列。

3　安全生产费包括完善、改造和维护安全设施设备费用，配备、维护、保养应急救援器材、设备费用，开展重大危险源和事故隐患评估和整改费用，安全生产检查、评价、咨询费用，配备和更新现场作业人员安全防护用品支出，安全生产宣传、教育、培训费用，安全设施及特种设备检测检验费用，施工安全风险评估、应急演练等有关工作及其他与安全生产直接相关的费用。

4　安全生产费按建筑安装工程费(不含安全生产费本身)乘以安全生产费费率计算，费率按预算文件编制时国家规定计算。

5.3　土地使用及拆迁补偿费

5.3.1　土地使用及拆迁补偿费内容包括永久占地费、临时占地费、拆迁补偿费、水土保持补偿费和其他费用。

5.3.2　永久占地费包括土地补偿费、征用耕地安置补助费、耕地开垦费、森林植被恢复费、失地农民养老保险费。

1　土地补偿费包括征地补偿费、被征用土地上的青苗补偿费，征用城市郊区的菜地等缴纳的菜地开发建设基金，耕地占用税，用地图编制费及勘界费等。

2　征用耕地安置补助费指征用耕地需要安置农业人口的补助费。

3　耕地开垦费指养护工程项目占用耕地的，由建设项目法人(业主)负责补充耕地所发生的费用；没有条件开垦或开垦的耕地不符合要求的，按规定缴纳的耕地开垦费。

4　养护工程项目发生跨省域补充耕地国家统筹的，执行《国务院办公厅关于印发跨省域补充耕地国家统筹管理办法和城乡建设用地增减挂钩节余指标跨省域调剂管理办法的通知》(国办发〔2018〕16号)的规定；发生省(自治区、直辖市)内跨区域补充耕地的，执行本省(自治区、直辖市)相关规定。

5　森林植被恢复费指养护工程项目需要占用、征用林地的，经县级以上林业主管部门审核同意或批准，建设项目法人(业主)按省级人民政府有关规定向县级以上林业主管部门预缴的森林植被恢复费。

6　失地农民养老保险费指根据国家规定为保障依法被征地农民养老而交纳的保险费用。失地农民养老保险费按项目所在地省级人民政府的相关规定进行计算。

5.3.3　临时占地费包括临时征地使用费和复耕费。

1　临时征地使用费指为满足施工所需的承包人驻地、预制场、拌和场、仓库、加工厂(棚)、堆料场、取弃土场、进出场便道、便桥等所有的临时用地及其附着物的补偿费用。

2　复耕费指临时占用的耕地、鱼塘等，在工程交工后将其恢复到原有标准所发生的费用。

5.3.4 拆迁补偿费指被征用或占用土地地上、地下的房屋及附属构筑物，公用设施、文物等的拆除、发掘及迁建补偿费等。

5.3.5 水土保持补偿费根据国家相关法律、法规规定缴纳。

5.3.6 其他费用指国务院行政主管部门及省级人民政府规定的与征地拆迁相关的费用。

5.3.7 土地使用及拆迁补偿费应按下列方法进行计算：

1 土地使用及拆迁补偿费应根据设计文件确定的建设工程用地和临时用地面积及其附着物的情况，以及实际发生的费用项目，按国家有关规定及工程所在地的省(自治区、直辖市)颁布的有关规定和标准计算。

2 森林植被恢复费应根据审批单位批准的建设工程占用林地的类型及面积，按国家有关规定及工程所在地的省(自治区、直辖市)颁布的有关规定和标准计算。

3 当与原有的电力电信设施、管线、水利工程、铁路及铁路设施互相干扰时，应与有关部门联系，商定合理的解决方案和补偿金额，也可由这些部门按规定编制费用以确定补偿金额。

4 水土保持补偿费按各省(自治区、直辖市)制定的水土保持补偿费收费标准进行计算。

5.4 养护工程其他费用

5.4.1 养护工程其他费用包括养护工程项目管理费、研究试验费、前期工作费、专项评价(估)费、工程保通管理费、工程保险费和其他费用。造价文件分多段编制时，按累进制计算的养护工程其他费用应以各段合计的定额建筑安装工程费为基数进行计算。

5.4.2 养护工程项目管理费包括养护管理单位项目管理费、养护工程项目信息化费、工程监理费、设计文件审查费、竣(交)工验收试验检测费。其中养护管理单位项目管理费、养护工程项目信息化费、工程监理费均作为实施养护工程项目管理的费用，可根据养护管理单位、施工单位、监理单位所实际承担的工作内容和工作量统筹使用。

1 养护管理单位项目管理费指养护工程项目管理单位为进行养护工程项目的立项、筹建、施工、竣(交)工验收、总结等工作所发生的费用。

1）养护管理单位项目管理费包括工作人员的工资、工资性津贴、施工现场津贴；社会保险费用（基本养老、基本医疗、失业、工伤保险）、住房公积金、职工福利费、工会经费、劳动保护费；办公费、会议费、差旅交通费、固定资产使用费（包括办公及生活房屋折旧、维修或租赁费，车辆折旧、维修、使用或租赁费，通信设备购置、使用费，测量、试验设备仪器折旧、维修或租赁费，其他设备折旧、维修或租赁费等)、零星固定资产购置费、招募生产工人费；技术图书资料费、职工教育培训经费；招标管理费；合同契约公证费、法律顾问费、咨询费；养护管理单位的临时设施费、完工清理费、竣（交）工验收费［含其他行业或部门要求的竣工验收费用、养护管理单位负责的竣（交）工文件编制费］、各种税费（包括房产税、车船使用税、印花税等）；对养护工程项目前期工作、项目实施及竣工决算等全过程进行审计所发生的审计费用；境内外融资费用（不含建设期贷款利息）、业务招待费及工程质量、安全生产管理费、联合试运转费和其他管理性开支。

2）根据养护工程项目实际情况如需要计列养护管理单位项目管理费时，以定额建筑安装工程费为基数，按表5.4.2-1制定费率。

表5.4.2-1　养护管理单位项目管理费费率

定额工程费（万元）	费率（%）	算例(万元)	
		定额建筑安装工程费	养护管理单位项目管理费
50及以下			
50～100			
100～200			
200～500			
500～1 000			
1 000～3 000			
3 000～5 000			
5 000～10 000			
10 000～30 000			
30 000～50 000			
50 000～100 000			
100 000以上			

2　养护工程项目信息化费指养护工程项目管理单位和各养护施工单位用于养护工程项目的质量、安全、进度、费用等方面的信息化建设、运维及各种税费等费用。根据养护工程项目实际情况如需要计列时，以定额建筑安装工程费为基数，按表5.4.2-2制定费率。

表5.4.2-2　养护工程项目信息化费费率

定额建筑安装工程费（万元）	费率（%）	算例(万元)	
		定额建筑安装工程费	养护工程项目信息化费
200以下			
200～500			
500～1 000			
1 000～3 000			
3 000～5 000			

表 5.4.2-2(续)

定额建筑安装工程费（万元）	费率（%）	算例(万元)	
		定额建筑安装工程费	养护项目信息化费
5 000 ~ 10 000			
10 000 ~ 30 000			
30 000 ~ 50 000			
50 000 ~ 100 000			
100 000 以上			

3　工程监理费指养护工程项目管理单位委托具有监理资格的单位，按施工监理规范进行全面监督和管理所发生的费用。

1）工程监理费包括工作人员的工资、工资性津贴、施工现场津贴、社会保险费用（基本养老、基本医疗、失业、工伤保险）、住房公积金、职工福利费、工会经费、劳动保护费，办公费、会议费、差旅交通费，办公、试验固定资产使用费（包括办公及生活房屋折旧、维修或租赁费，车辆折旧、维修、使用或租赁费，通信设备购置、使用费，测量、试验、检测设备仪器折旧、维修或租赁费，其他设备折旧、维修或租赁费等）、零星固定资产购置费、招募生产工人费，技术图书资料费、职工教育经费、投标费用，合同契约公证费、法律顾问费、咨询费、业务招待费，财务费用、监理单位的临时设施费、完工清理费、竣（交）工验收费、各种税费、安全生产管理费和其他管理性开支。

2）根据养护工程项目实际情况如需要计列时，以定额建筑安装工程费为基数，按表 5.4.2-3 制定费率。

表 5.4.2-3　工程监理费费率

定额工程费（万元）	费率（%）	算例(万元)	
		定额工程费	工程监理费
50 及以下			
50 ~ 100			
100 ~ 200			
200 ~ 500			
500 ~ 1 000			
1 000 ~ 3 000			
3 000 ~ 5 000			
5 000 ~ 10 000			
10 000 ~ 30 000			
30 000 ~ 50 000			
50 000 ~ 100 000			
100 000 以上			

4　设计文件审查费指在项目审批前，养护工程项目管理单位为保证勘察设计工作的质量，组织有关专家或委托有资质的单位，对设计单位提交的养护工程项目可行性研究报告和设计文件进行审查所需要的相关费用，包括设计咨询。

1）根据养护工程项目实际情况如需要计列时，以定额建筑安装工程费为基数，按表 5.4.2-4 制定费率。

2）设计文件审查费费率是按一阶段设计审查制定的。采用两阶段设计（即技术设计和施工图设计）的养护工程项目，设计文件审查费按表 5.4.2-4 中费率的 160% 计算。

3）如需要计列设计文件审查费时，不足 2 000 元的按 2 000 元计取。

表 5.4.2-4　设计文件审查费费率

定额工程费（万元）	费率（%）	算例（万元）	
		定额工程费	设计文件审查费
50 及以下			
50 ~ 100			
100 ~ 200			
200 ~ 500			
500 ~ 1 000			
1 000 ~ 3 000			
3 000 ~ 5 000			
5 000 ~ 10 000			
10 000 ~ 30 000			
30 000 ~ 50 000			
50 000 ~ 100 000			
100 000 以上			

5　竣（交）工验收试验检测费指在公路养护工程项目竣（交）工验收前，根据规定，由养护工程项目管理单位或工程质量监督机构委托有资质的公路工程质量检测单位，按有关规定对养护工程项目的工程质量进行检测并出具检测试验意见，以及进行桥梁动（静）载试验或其他特殊检测等所需的费用。根据养护工程项目实际情况如需要计列竣（交）工验收试验检测费的，可参照类似工程所发生的费用标准进行计列。

5.4.3　研究试验费指按项目特点和有关规定，在养护工程项目实施过程中必须进行的研究和试验所需的费用，以及支付科技成果、专利、先进技术的一次性技术转让费。

1　研究试验费不包括：

1）应由前期工作费（为养护工程项目提供或验证设计数据、资料等的专题研究）开支的项目。

2）应由科技三项费用（即新产品试制费、中间试验费和重要科学研究补助费）开支的项目。

3）应由施工辅助费开支的施工企业对建筑材料、构件和建筑物进行一般鉴定、检查所发生的费用及技术革新研究试验费。

2　计算方法：按设计提出的研究试验内容和要求进行编制。

5.4.4　前期工作费指委托设计、咨询单位对养护工程项目进行工程勘察、专题研究、工程设计、招标费用等应支付的费用。

1　工程勘察费包括现场勘察费、专项检测费。现场勘察费指根据养护工程项目实际需求开展必要的路线测量和地质勘察以及现场调查工作所需的费用。专项检测费指根据养护工程设计需要，借助专用设备或方法对公路技术指标开展的检查、试验、测量、计算分析所需的费用。

2　专题研究费指为养护工程项目提供或验证设计数据等进行数据采集、专题研究所需的费用。

3　工程设计费指依据现场勘察、专项检测等资料进行方案设计和施工图设计所需的费用。

4　招标费用指养护工程项目招标所需的费用，包括招标代理费及相应的招标文件、招标标底或招标控制价的编制费用。

5　计算方法：

1）工程勘察费按类似工程发生的费用或合同金额进行计列。养护工程设计所需的专项检测费与养护检查费中的专项检查及评定费统筹使用。

2）专题研究费按设计提出的研究试验内容和要求进行编制，费用按类似工程发生的费用或合同金额进行计列。不验证设计基础资料的工程项目不计本项费用。

3）工程设计费、招标费用以定额建筑安装工程费为基数，按表5.4.4制定费率。

——独立立项进行维修、加固的桥梁工程、隧道工程、机电工程的设计费可分别制定调整系数。

——表5.4.4中工程设计费费率按一阶段施工图设计制定，两阶段设计可制定调整系数。

——前期工作费不足5 000元的按5 000元计算。

表5.4.4　工程设计费、招标费费率

定额建筑安装工程费（万元）	费率（%）	算例（万元）	
		定额建筑安装工程费	工程设计费、招标费
20及以下			
20～50			
50～100			
100～200			
200～500			
500～1 000			

表 5.4.4(续)

定额建筑安装工程费(万元)	费率(%)	算例(万元)	
		定额建筑安装工程费	工程设计费、招标费
1 000 ~ 3 000			
3 000 ~ 5 000			
5 000 ~ 10 000			
10 000 ~ 30 000			
30 000 以上			

5.4.5 专项评价(估)费指依据国家法律、法规规定需进行评价(估)、咨询，按规定应支付的费用。

1 专项评价(估)费包括环境影响评价费、水土保持评估费、地震安全性评价费、地质灾害危险性评价费、压覆重要矿床评估费、文物勘察费、通航论证费、行洪论证(评估)费、使用林地可行性研究报告编制费、用地预审报告编制费、项目风险评估费、节能评估费和社会风险评估费、放射性影响评估费、规划选址意见书编制费等。

2 计算方法：依据委托合同或参照类似工程已发生的费用进行计列。

5.4.6 工程保通管理费指养护工程需边施工边维持通车或通航的养护工程项目，为保证公(铁)路营运安全、船舶航行安全及施工安全而进行交通(公路、航道、铁路)管制、交通(铁路)与船舶疏导所需的媒体、公告等宣传费用及协管人员经费等。工程保通管理费应按设计需要进行列支。工程保通管理费不含保通工程费。

5.4.7 工程保险费指在合同执行期内，施工企业按合同条款要求办理保险，包括建筑工程一切险和第三方责任险。

1 建筑工程一切险是为永久工程、临时工程和设备及已运至施工工地用于永久工程的材料和设备所投的保险。

2 第三方责任险是对因实施合同工程而造成的财产(本工程除外)损失或损害，人员(业主和承包人雇员除外)的死亡或伤残所负责进行的保险。

3 工程保险费以建筑安装工程费(不含设备费)为基数，按 0.4% 费率计算。

5.4.8 其他费用指国务院行政主管部门及省级人民政府规定的其他与公路建设相关的费用，按其相关规定计算。

5.5 预备费

5.5.1 预备费由基本预备费和价差预备费两部分组成。

5.5.2 基本预备费指在初步设计、施工图设计和施工图预算中难以预料的工程费用。

1 基本预备费包括：

1）在进行技术设计、施工图设计和施工过程中，在批准的初步设计范围内所增加的工程费用。

2）在设备订货时，由于规格、型号改变的价差，材料货源变更、运输距离或方式的改变以及因规格不同而代换使用等原因发生的价差。

3）在项目主管部门组织竣（交）工验收时，验收委员会（或小组）为鉴定工程质量必须开挖和修复隐蔽工程的费用。

2 基本预备费以建筑安装工程费、土地使用及拆迁补偿费、养护工程其他费之和为基数，施工图预算按4%的费率计列。

5.5.3 价差预备费指设计文件编制年至工程交工年期间，建筑安装工程费用的人工费、材料费、设备购置费、施工机械使用费、措施费、企业管理费等由于政策、价格变化可能发生上浮而预留的费用，以及外资贷款汇率变动部分的费用。

1 计算方法：价差预备费以建筑安装工程费用总额为基数，根据设计文件编制年始至养护工程项目工程交工年终的年数和年工程造价增涨率，按式(5.5.3)计算。

$$\text{价差预备费} = P \cdot \left[(1+i)^{n-1} - 1 \right] \tag{5.5.3}$$

式中：P——建筑安装工程费总额(元)；

i——年工程造价增涨率(%)；

n——设计文件编制年至养护工程项目开工年 + 养护工程项目建设期限(年)。

2 年工程造价增涨率按有关部门公布的工程投资价格指数计算。

3 设计文件编制至工程交工在一年以内的工程，不列此项费用。

附录 A 公路养护预算表格样式

目 录

6 建筑安装工程费计算表(3-03 表)
7 措施费、企业管理费及规费综合费率计算表(3-04 表)
8 措施费、企业管理费及规费综合费用计算表(3-05 表)
9 设备费计算表(3-06 表)
10 土地使用及拆迁补偿费计算表(3-07 表)
11 养护工程其他费计算表(3-08 表)
12 人工、材料、施工机械台班单价表(3-09 表)

(乙组文件)

1 分项工程费用计算数据表(3-10 表)
2 分项工程预算表(3-11 表)
3 材料预算单价计算表(3-12 表)
4 自采材料料场价格计算表(3-13 表)
5 材料自办运输单位运费计算表(3-14 表)
6 施工机械台班单价计算表(3-15 表)
7 辅助生产人工、材料、施工机械台班数量表(3-16 表)

A.1 养护费用预算汇总表格样式

养护费用预算(单位)汇总表

编制单位：　　　　　　　　　　第　页　共　页　0-0表

分项编号	费用名称	单位名称及养护总里程					合计（元或公里）
		1	2	3	4	……	
		单位名称1	单位名称2	单位名称3	单位名称4	……	
		养护总里程1	养护总里程2	养护总里程3	养护总里程4	……	公里
0	公路养护预算总费用						元
1	养护检查费						元
101	经常巡查及检查费						元
102	定期检查及评定费						元
103	专项检查及评定费						元
104	应急检查及评定费						元
2	日常养护费						元
201	道路工程						元
202	桥涵工程						元
203	隧道工程						元
204	机电工程						元
205	房建工程						元
3	养护工程费						元
301	预防养护费						元
302	修复养护费						元
303	专项养护费						元
304	应急养护费						元

编制：　　　　　　　　　　复核：

填表说明：

1. 本表反映各公路养护单位的养护预算费用组成及养护里程。
2. 本表应将同一单位养护的所有路段进行合并后填写一列。
3. 本表中养护总里程指某一单位负责养护的所有路段的路线长度之和。

养护费用预算(线路)汇总表

编制单位：　　　　　　　　　　　　　　　　　　　　　　　　　第　页　共　页　0-1 表

分项编号	费用名称	路线名称及总里程					合计（元或公里）
		1	2	3	4	……	
		路线名称 1	路线名称 2	路线名称 3	路线名称 4	……	
		公路等级	公路等级	公路等级	公路等级	……	
		总里程 1	总里程 2	总里程 3	总里程 4	……	公里
0	公路养护预算总费用						元
1	养护检查费						元
101	经常巡查及检查费						元
102	定期检查及评定费						元
103	专项检查及评定费						元
104	应急检查及评定费						元
2	日常养护费						元
201	道路工程						元
202	桥涵工程						元
203	隧道工程						元
204	机电工程						元
205	房建工程						元
3	养护工程费						元
301	预防养护费						元
302	修复养护费						元
303	专项养护费						元
304	应急养护费						元

编制：　　　　　　　　　　　　　　　　　　　　复核：

填表说明：

1. 本表反映每条路线养护预算费用组成及总里程。
2. 本表中的路线名称指“路线编号”+“路线名称”。本表应将同一路线对应的所有路段进行合并后填写一列。
3. 本导则附录 A 中的公路等级为高速公路、一级公路、二级公路、三级公路、四级公路。
4. 本表中总里程指某一路线对应的所有路段的路线长度之和。

养护费用预算(等级)汇总表

编制单位：　　　　　　　　　　　　　　　　　　第　页　共　页　0-2 表

分项编号	费用名称	路线名称及总里程					合计（元或公里）
		1	2	3	4	5	
		高速公路	一级公路	二级公路	三级公路	四级公路	
		总里程	总里程	总里程	总里程	总里程	公里
0	公路养护预算总费用						元
1	养护检查费						元
101	经常巡查及检查费						元
102	定期检查及评定费						元
103	专项检查及评定费						元
104	应急检查及评定费						元
2	日常养护费						元
201	道路工程						元
202	桥涵工程						元
203	隧道工程						元
204	机电工程						元
205	房建工程						元
3	养护工程费						元
301	预防养护费						元
302	修复养护费						元
303	专项养护费						元
304	应急养护费						元

编制：　　　　　　　　　　　　　　　　复核：

填表说明：

1. 本表反映各等级公路养护预算费用组成及总里程。
2. 本表中总里程指某一等级公路对应的所有路段的路线长度之和。

养护费用预算(基础)汇总表

编制单位：　　　　　　　　　　　　第　页　共　页　0-3 表

分项编码	工程或费用名称	1	2	3	4	5	……	合计(元)
		单位名称	单位名称	单位名称	单位名称	单位名称	……	
		路段名称	路段名称	路段名称	路段名称	路段名称	……	
		公路等级	公路等级	公路等级	公路等级	公路等级	……	
		路线长度	路线长度	路线长度	路线长度	路线长度	……	
0	公路养护预算总费用							
1	养护检查费							
101	经常巡查及检查费							
102	定期检查及评定费							
103	专项检查及评定费							
104	应急检查及评定费							
2	日常养护费							
201	道路工程							
202	桥涵工程							
203	隧道工程							
204	机电工程							
205	房建工程							
3	养护工程费							
301	预防养护费							
302	修复养护费							
303	专项养护费							
304	应急养护费							

编制：　　　　　　　　　　　　复核：

填表说明：

1. 本表反映各公路养护单位各路段养护预算费用组成及养护里程。
2. 本表中路段名称指“路线编号”+“路段名称”。
3. 本导则附录 A 中的路线长度指某一单位负责养护的某一路段某一等级的路线长度。

A.2 养护检查费用预算表格样式

养护检查费用预算汇总表

单位名称：　　　　　　　　第　页　共　页　1-0表

序号	路段名称	公路等级	路线长度(km)	经常巡查及检查						定期检查及评定						专项检查及评定						应急检查及评定						合计(元)
				道路	桥涵	隧道	机电	小计	平均指标值(元/km)	道路	桥涵	隧道	机电	小计	平均指标值(元/km)	道路	桥涵	隧道	机电	小计	平均指标值(元/km)	道路	桥涵	隧道	机电	小计	平均指标值(元/km)	
合计																												

编制：　　　　　　　　复核：

填表说明：

1. 本表反映一个单位各路段养护检查费用组成。
2. 本表中的路段名称可填写桥隧名称。
3. 平均指标值 = 小计 ÷ 里程，平均指标值的合计值填写平均值。

经常巡查及检查费用计算表

单位名称：　　　　　　　　指标类别：　　　　　　　　第　页　共　页　1-1表

序号	路段名称	公路等级	路线长度(km)	指标名称1			指标名称2			……			金额合计(元)
				指标值	数量	金额	指标值	数量	金额	指标值	数量	金额	
				(单位)	(单位)	(元)	(单位)	(单位)	(元)	(单位)	(单位)	(元)	
合计				—			—			—			

编制：　　　　　　　　复核：

填表说明：

1. 本表中的指标类别为道路工程、桥涵工程、隧道工程、机电工程。
2. 指标类别为桥涵工程或隧道工程时，路段名称可填写桥隧名称。
3. 指标名称、指标值单位、数量及单位根据各省(自治区、直辖市)交通运输主管部门制定的造价依据相关规定填写。指标名称及单位填写举例，如道路工程(平原微丘)，元/(公里·年)；道路工程(山岭重丘)，元/(公里·年)；涵洞工程，元/(道·年)。
4. 金额 = 指标值 × 数量。指标值的合计值不填写。

定期检查及评定费用计算表

单位名称：　　　　指标类别：　　　　第　页　共　页　1-2 表

序号	路段名称	公路等级	路线长度（km）	指标名称 1			指标名称 2			……			金额合计（元）
				指标值（单位）	数量（单位）	金额（元）	指标值（单位）	数量（单位）	金额（元）	指标值（单位）	数量（单位）	金额（元）	
合计				—			—			—			

编制：　　　　复核：

填表说明：

1. 本表中的指标类别为道路工程、桥涵工程、隧道工程、机电工程。
2. 指标类别为桥涵工程或隧道工程时，路段名称可填写桥隧名称。
3. 指标名称、指标值单位、数量及单位根据各省（自治区、直辖市）交通运输主管部门制定的造价依据相关规定填写。指标名称及单位填写举例，如道路工程，元/（公里·车道·年）；桥涵工程（悬索桥），元/（米·年）；桥涵工程（钢桥），元/（米·年）。
4. 金额 = 指标值 × 数量。指标值的合计值不填写。

专项检查及评定费用计算表

单位名称：　　　　第　页　共　页　1-3 表

序号	路段名称	公路等级	路线长度（km）	工程类别	说明及计算式	数量（单位）	金额（元）	备注
合计								

编制：　　　　复核：

填表说明：本表中的工程类别为道路工程、桥涵工程、隧道工程、机电工程。

应急检查及评定费用计算表

单位名称：　　　　第　页　共　页　1-4 表

序号	路段名称	公路等级	工程类别	路线长度（km）	第三年度发生额（元）	第二年度发生额（元）	第一年度发生额（元）	金额（元）	备注
合计									

编制：　　　　复核：

填表说明：

1. 本表中第三年度发生额、第二年度发生额、第一年度发生额指预算编制年以前三个年度。
2. 本表中的工程类别为道路工程、桥涵工程、隧道工程、机电工程。

A.3　日常养护费用预算表格样式

日常养护费用预算汇总表

单位名称：　　　　　　　　　　　　　　　　　　　　　　　　　　第　页　共　页　2-0 表

序号	路段名称	公路等级	路线长度(km)	道路工程(元)	桥涵工程(元)	隧道工程(元)	机电工程(元)	房建工程(元)	合计(元)	平均指标值(元/km)
合计										

编制：　　　　　　　　　　　　　　　　复核：

填表说明：

1. 本表反映一个单位各条路线每个路段日常养护费用组成。
2. 平均指标值 = 合计 ÷ 里程，平均指标值的合计值填写平均值。

日常养护费用计算表

指标类别：

单位名称：　　　　　　　　　　　　　　　　　　　　　　　　　　第　页　共　页　2-1 表

序号	路段名称	公路等级	路线长度(km)	指标名称	指标单位	指标基准值	调整系数					最终指标值	数量单位	数量	金额(元)
							参数值 1	系数值 1	参数值 2	系数值 2	……				
合计															

编制：　　　　　　　　　　　　　　　　复核：

填表说明：

1. 指标名称、参数值、系数值、数量单位、数量根据各省(自治区、直辖市)交通运输主管部门制定的造价依据相关规定填写。
2. 指标类别为道路工程、桥涵工程、隧道工程、机电工程、房建工程。
3. 指标名称举例：隧道工程(特长隧道)、隧道工程(长隧道)。
4. 参数值和系数值举例，如设置车道数调整系数，参数值为车道数，系数值为调整系数具体值。
5. 数量单位举例，如道路工程数量单位为 km。

A.4 养护工程费用预算表格样式

A.4.1 甲组文件目录格式如下所示：

目　　录

（甲组文件）

养护工程预算汇总表

养护工程项目名称：　　　　养护工程分类：　　　　第　页　共　页　3-00-1 表

分项编号	工程或费用名称	单位	编制范围 1			编制范围 2			……			总数量	总金额（元）
			数量	金额（元）	技术经济指标	数量	金额（元）	技术经济指标	数量	金额（元）	技术经济指标		

编制：　　　　复核：

填表说明：

1. 一个养护工程项目按不同的养护类型，分若干个单位或单项工程编制预算时，应通过本表汇总预算金额。
2. A.4 中养护工程分类为预防养护、修复养护、专项养护、应急养护。
3. 本表反映一个养护工程项目、不同分类的养护工程预算的各项费用组成，预算总金额和技术经济(综合)指标。
4. 本表分项编号、工程或费用名称、单位、数量、金额由养护工程预算表(3-01 表)转来。部分、项、子项应保留，其他可视需要增减。
5. 技术经济指标以金额除以相应数量计算。

人工、材料、设备、施工机械台班数量单价汇总表

养护工程项目名称：　　　　养护工程分类：　　　　第　页　共　页　3-00-2 表

序号	工料机及设备代号	规格名称	单位	单价(元)	总数量	编制范围								

编制：　　　　复核：

填表说明：

1. 一个养护工程项目分若干个单位或单项工程编制预算时，通过本表汇总人工、材料、设备、施工机械台班数量和单价。
2. 本表各栏数据均由各单项或单位工程预算中的人工、材料、设备、施工机械台班数量单价表(3-02 表)转来。编制范围指养护工程的单项或单位工程。

养 护 工 程 预 算 表

养护工程项目名称：　　　养护工程分类：　　　编制范围：　　　第　页　共　页　3-01 表

分项编号	工程或费用名称	单　位	数　量	金额(元)	技术经济指标	备　注

编制：　　　　　　　　　　复核：

填表说明：

1. 本表反映养护分类的单项或单位工程的各项费用组成、数量、金额、技术经济指标等。
2. 本表分项编号、工程或费用名称、单位等应按本导则附录 B 填写。
3. 数量、金额由建筑安装工程费计算表(3-03 表)、土地使用及拆迁补偿费计算表(3-07 表)、养护工程其他费计算表(3-08 表)转来。
4. 技术经济指标以金额除以相应数量计算。

人工、材料、设备、施工机械台班数量单价表

养护工程项目名称：　　　养护工程分类：　　　编制范围：　　　第　页　共　页　3-02 表

序号	工料机及设备代号	规格名称	单位	单价(元)	总数量	分项统计							

编制：　　　　　　　　　　复核：

填表说明：本表各栏数据由设备费计算表(3-06 表)，材料预算单价计算表(3-12 表)，施工机械台班单价计算表(3-15 表)，辅助生产人工、材料、施工机械台班数量(3-16 表)转来，同时由分项工程预算表(3-11 表)统计分析后得到。

建筑安装工程费计算表

养护工程项目名称：　　　　养护工程分类：　　　　编制范围：　　　　第　页　共　页　3-03 表

序号	分项编号	工程名称	单位	工程量	定额直接费(元)	定额设备购置费(元)	直接费(元)				设备购置费	措施费	企业管理费	规费	利润(元)	税金(元)	专项费用		定额建筑安装工程费(元)	建筑安装工程费(元)	
							人工费	材料费	机械使用费	合计					费率(%)	费率(%)	施工场地建设费	安全生产费(元) 费率(%)		合计	单价
1	2	3	4	5	6	7	8	9	10	11	12	13	14	15	16	17	18	19	20	21	22
总计																					

编制：　　　　复核：

填表说明：

1. 本表各栏数据由设备费计算表(3-06 表)、分项工程预算表(3-11 表)经计算转来。
2. 本表应列出各项工程(如临时工程、路基工程、路面工程……)、子项及具体的分项工程名称，并将各项及子项下的具体分项的费用进行合计。
3. 表中：11 = 8 + 9 + 10；20 = 6 + 7 + 13 + 14 + 15 + 16 + 17 + 18 + 19；21 = 11 + 12 + 13 + 14 + 15 + 16 + 17 + 18 + 19；22 = 21/5。

措施费、企业管理费及规费综合费率计算表

养护工程项目名称：　　　　养护工程分类：　　　　编制范围：　　　　第　页　共　页　3-04 表

序号	工程类别	措施费(%)							企业管理费(%)	规费(%)					
		基本措施费用	施工进出场费	高原地区施工增加费	风沙地区施工增加费	沿海地区施工增加费	行车干扰工程施工增加费	综合费率		养老保险费	失业保险费	医疗保险费	工伤保险费	住房公积金	综合费率
1	2	3	4	5	6	7	8	9	10	11	12	13	14	15	16

编制：　　　　复核：

填表说明：

1. 本表应根据本导则规定的工程类别填写，各项费率按本导则规定分别列出。
2. 表中：9 = 3 + 4 + 5 + 6 + 7 + 8；16 = 11 + 12 + 13 + 14 + 15。

措施费、企业管理费及规费综合费用计算表

养护工程项目名称：　　养护工程分类：　　编制范围：　　第　页　共　页　3-05 表

序号	工程名称	措施费(元)							企业管理费(元)	规费(元)					
		基本措施费用	施工进出场费	高原地区施工增加费	风沙地区施工增加费	沿海地区施工增加费	行车干扰工程施工增加费	综合费用		养老保险费	失业保险费	医疗保险费	工伤保险费	住房公积金	综合费用
1	2	3	4	5	6	7	8	9	10	11	12	13	14	15	16

编制：　　复核：

填表说明：

1. 表中各项费用按本导则规定的计算方法进行计算。
2. 本表应列出各项工程(如路基工程……)、子项及具体的分项工程名称，并将各项及子项下的具体分项的费用进行合计。
3. 表中：9 = 3 + 4 + 5 + 6 + 7 + 8；16 = 11 + 12 + 13 + 14 + 15。

设备费计算表

养护工程项目名称：　　养护工程分类：　　编制范围：　　第　页　共　页　3-06 表

序号	工程及设备代号	工程及设备名称	规格型号	单位	数量	定额单价	预算单价	定额设备费购置(元)	设备购置费(元)	税金	定额设备费(元)	设备费(元)	说明或计算式
1	2	3	4	5	6	7	8	9	10	11	12	13	14

填表说明：

1. 本表应列出工程项目(如隧道工程)及子项(如隧道消防系统)对应的所有需要安装或不需要安装的设备。
2. 本表应根据具体的设备购置清单进行计算。包括设备规格、单位、数量、定额单价、预算单价、定额设备费购置、设备购置费、税金、定额设备费、设备费以及需要说明的有关问题。
3. 需单独购置或开发软件的费用，也可通过本表计算。
4. 表中：9 = 6 × 7；10 = 6 × 8。

土地使用及拆迁补偿费计算表

养护工程项目名称：　　养护工程分类：　　编制范围：　　第　页　共　页　3-07 表

序号	名　称	单　位	数　量	单价(元)	金额(元)	说明或计算式

编制：　　复核：

填表说明：本表应根据征用土地和拆迁补偿的具体内容填写名称、单位、数量、单价和金额，并将各项(如征用土地费、拆迁补偿费)下的具体分项的费用进行合计。

养护工程其他费计算表

养护工程项目名称：　　养护工程分类：　　编制范围：　　第　页　共　页　3-08 表

序号	费用名称及项目	说明及计算式	金额(元)	备　注

编制：　　复核：

填表说明：本表应按具体发生的其他费用项目填写，需要说明和具体计算的费用项目，依次相应在说明及计算式栏内填写或具体计算。

人工、材料、施工机械台班单价表

养护工程项目名称：　　养护工程分类：　　编制范围：　　第　页　共　页　3-09 表

序　号	名　称	单　位	代　号	预算单价(元)	备　注

编制：　　复核：

填表说明：本表预算单价主要由材料预算单价计算表(3-12 表)和施工机械台班单价计算表(3-15 表)转来，或直接输入预算单价。

A. 4. 2 乙组文件目录格式如下所示：

目 录

（乙组文件）

分项工程费用计算数据表

养护工程项目名称： 养护工程分类： 编制范围： 第 页 共 页 3-10表

分项或定额编(代)号	项目或定额名称	单位		数量		取费类别	定额调整情况或计算式

编制： 复核：

填表说明：

1. 表中“分项或定额编(代)号”指“分项编号”和“定额代号”。“分项编号”应根据实际需要按本导则附录B填写；“定额代号”按现行的造价依据填写。计价类型为单价乘以数量的，定额代号栏填“计算项”，计算式填写单价(元)×数量=金额(元)。
2. 定额调整情况相关规则按《公路工程造价数据标准》执行。
3. 如有补充定额的，应在补充定额下将其工料机消耗及基价列出。工料机代号、名称等，分别在“分项或定额编(代)号”“项目或定额名称”等栏填写。定额基价在“定额调整情况或计算式”栏内计算。

分 项 工 程 预 算 表

养护工程项目名称：　　养护工程分类：　　编制范围：　　分项工程编号名称：　　第　页　共　页　3-11 表

代号	工程项目													合　计	
	工程细目														
	定额单位														
	工程数量														
	定额代号														
	工、料、机名称	单位	定额单价（元）	预算单价（元）	定额	数量	金额（元）	定额	数量	金额（元）	定额	数量	金额（元）	数量	金额（元）
	人工	工日													
	（机械工）	工日	（ ）	（ ）	—	（ ）	（ ）	—	（ ）	（ ）	—	（ ）	（ ）	（ ）	（ ）
	…														
	定额直接费	元													
	直接费	元													
	措施费	元				%			%			%		%	
	企业管理费	元				%			%			%		%	
	规费	元				%			%			%		%	
	利润	元				%			%			%		%	
	税金	元				%			%			%		%	
	合计	元													

编制：　　复核：

填表说明：

1. 本表按具体分项工程数量、对应预算定额子目填写，单价由人工、材料、施工机械台班单价表(3-09 表)转来，金额 = Σ(工、料、机各项的预算价 × 定额 × 数量)。
2. 定额直接费 = Σ(定额单价 × 数量)。
3. 机械工：定额一栏不填写。机械工工费 = Σ(机械工人工单价 × 数量)，仅作为规费的计算基数。机械工工日数量，根据施工机械台班单价计算表(3-15 表)中的定额人工消耗量，并通过本表计算得出。
4. 措施费、企业管理费、规费、利润、税金、施工场地建设费、安全生产费对应定额列填入相应的计算基数，数量列填入相应的费率。

材料预算单价计算表

养护工程项目名称：　　　　养护工程分类：　　　　编制范围：　　　　第　页　共　页　3-12 表

代号	规格名称	单位	原价（元）	运杂费					原价运费合计（元）	场外运输损耗		采购及保管费		预算单价（元）	备注
				供应地点	运输方式比重及运距	毛质量系数或单位毛重	运杂费构成说明或计算式	单位运价（元）		费率（%）	金额（元）	费率（%）	金额（元）		

编制：　　　　　　　　　　复核：

填表说明：

1. 本表计算各种材料自供应地点或料场至工地的全部运杂费与材料原价及其他费用组成预算单价。
2. 运输方式按火车、汽车、船舶等及所占运输比重填写。
3. 毛质量系数、场外运输损耗、采购及保管费按规定填写。
4. 根据材料供应地点、运输方式、运输单价、毛质量系数等，通过运杂费构成说明或计算式，计算得出材料单位运费。
5. 材料原价与单位运价、场外运输损耗、采购及保管费组成材料预算单价。自采材料原价由自采材料料场价格计算表(3-13 表)转来。自办运输的材料单位运费由材料自办运输单位运费计算表(3-14 表)转来。自采材料、自办运输材料应在备注栏注明“自采”或“自办”。

自采材料料场价格计算表

养护工程项目名称：　　　养护工程分类：　　　编制范围：　　　自采材料代号名称：　　　第　页　共　页　3-13 表

代号	工程项目												合　计		
	工程细目														
	定额单位														
	工程数量														
	定额表号														
	工、料、机名称	单位	单价（元）	定额	数量	金额（元）	定额	数量	金额（元）	定额	数量	金额（元）	数量	金额（元）	料场单价（元）
	人工	工日													
	（机械工）	（工日）	（　）	—	（　）	（　）	—	（　）	（　）	—	（　）	（　）	（　）	（　）	（　）
	直接费	元													
	辅助生产间接费	元			%			%			%				
	高原地区施工增加费	元			%			%			%				
	辅助生产规费	元			%			%			%				
	矿产资源税	元			%			%			%				
	……														
	金额合计	元													

编制：　　　　　　　　复核：

填表说明：

1. 本表主要用于分析计算自采材料料场价格，应将选用的定额人工、材料、施工机械台班数量全部列出，包括相应的工、料、机单价。
2. 材料规格用途相同而生产方式（如人工捶碎石、机械轧碎石）不同时，应分别计算单价，再以各种生产方式所占比重根据合计价格加权平均计算料场价格。
3. 定额中施工机械台班有调整系数时，应在本表内计算。
4. 辅助生产间接费、辅助生产高原地区施工增加费、辅助生产规费、矿产资源税对应定额列填入相应的计算基数，数量列填入相应的费率。
5. 料场单价（元）= 合计金额/合计数量。
6. 机械工：定额一栏不填写。机械工工费 = Σ（机械工人工单价 × 数量），仅作为规费的计算基数。机械工工日数量，根据施工机械台班单价计算表（3-15 表）中的定额人工消耗量，并通过本表计算得出。

材料自办运输单位运费计算表

养护工程项目名称：　　养护工程分类：　　编制范围：　　自办运输材料代号名称：　　第　页　共　页　3-14 表

代号	工、料、机名称	单位	单价（元）	定额	数量	金额（元）	定额	数量	金额（元）	定额	数量	金额（元）	合计 数量	合计 金额（元）	合计 单位运费（元）
	工程项目														
	工程细目														
	定额单位														
	工程数量														
	定额表号														
	人工	工日													
	（机械工）	（工日）	（ ）	—	（ ）	（ ）	—	（ ）	（ ）	—	（ ）	（ ）	（ ）	（ ）	（ ）
	直接费	元													
	辅助生产间接费	元													
	高原地区施工增加费	元													
	辅助生产规费	元													
	路桥通行费	元		—			—			—					
	金额合计	元													

编制：　　　　复核：

填表说明：

1. 本表主要用于分析计算材料自办运输单位运费，应将选用的定额人工、材料、施工机械台班数量全部列出，包括相应的工、料、机单价。
2. 材料供应地点(即运距)不同、运输方式不同时，应分别计算单位运价。
3. 定额中施工机械台班有调整系数时，应在本表内计算。
4. 辅助生产间接费、辅助生产高原地区施工增加费、辅助生产规费、路桥通行费等对应定额列填入相应的计算基数，数量列填入相应的费率。
5. 单位运费(元) = 合计金额/合计数量。
6. 机械工：定额一栏不填写。机械工工费 = $\sum$(机械工人工单价 × 数量)；机械工工费仅作为规费的计算基数。机械工工日数量，根据施工机械台班单价计算表(3-15 表)中的定额人工消耗量，并通过本表计算得出。

施工机械台班单价计算表

养护工程项目名称：　　养护工程分类：　　编制范围：　　第　页　共　页　3-15 表

序号	代号	规格名称	台班单价(元)	不变费用(元)		可变费用(元)									合计
				调整系数：		人工：(元/工日)		汽油：(元/kg)		柴油：(元/kg)		……		车船税	
				定额	调整值	定额	金额	定额	金额	定额	金额	定额	金额		

编制：　　复核：

填表说明：

1. 本表应按现行造价依据进行计算。不变费用如有调整系数应填入调整值；可变费用各栏填入定额数量。
2. 人工、动力燃料的单价由材料预算单价计算表(3-12 表)和人工、材料、施工机械台班单价表(3-09 表)中转来。

辅助生产人工、材料、施工机械台班数量表

养护工程项目名称：　　养护工程分类：　　编制范围：　　第　页　共　页　3-16 表

序号	代号	材料规格名称	单位	人工(工日)	材料			机械				……
					片石(m^3)	汽油(kg)	……					
合计												

编制：　　复核：

填表说明：本表各栏数据由自采材料料场价格计算表(3-13 表)和材料自办运输单位运费计算表(3-14 表)统计而来。

附录 B 养护工程预算项目表

B. 0. 1 养护工程预算项目表:

1 养护工程预算项目表，见表 B. 0. 1-1。

2 路基养护工程项目分表(LJ)，见表 B. 0. 1-2。

3 路面养护工程项目分表(LM)，见表 B. 0. 1-3。

4 涵洞养护工程项目分表(HD)，见表 B. 0. 1-4。

5 桥梁养护工程项目分表(QL)，见表 B. 0. 1-5。

6 隧道养护工程项目分表(SD)，见表 B. 0. 1-6。

7 房建养护工程项目分表(FJ)，见表 B. 0. 1-7。

表 B.0.1-1 养护工程预算项目表

项目编码	工程或费用名称	单位	备注
YHGC 1	第一部分 养护工程建筑安装工程费	公路公里	
YHGC 101	临时工程	公路公里	
YHGC 10101	临时施工道路	km	
YHGC 1010101	施工便道(含涵洞)	km	
YHGC 1010102	施工便桥	m/座	
YHGC 10102	临时供电设施	km	
	……		
YHGC 10103	运营临时保通工程	公路公里	
YHGC 1010301	公路运营临时保通便道	km	按保通便道、便桥分级
YHGC 1010302	涉水工程通航安全保通费	处	按工程内容分级
YHGC 1010303	铁路运营保通工程	处	按工程内容分级
YHGC 10104	临时安全设施	km	按设施类型分级
	……		
YHGC 10105	既有设施保护	处	按设施类型分级
	……		
YHGC 102	路基工程	km	下挂路基养护工程分项表
YHGC 10201	拆除旧排水、防护工程	m^3	按拆除结构及材料分级
	……		
YHGC 103	路面工程	km	下挂路面养护工程分项表
YHGC 10301	挖除旧路面	m^3	
	……		
YHGC 104	桥涵工程	座(道)	
YHGC 10401	拆(挖)除旧构造物	m^3	
YHGC 1040101	局部拆除旧构造物	m^3	按拆除的结构及材料分级
	……		
YHGC 1040102	整体拆除涵洞	道	
YHGC 1040103	整体拆除桥梁	m/座	按拆除的结构形式及材料分级
	……		
YHGC 10402	涵洞工程	m/道	下挂涵洞养护工程分项表
	……		
YHGC 10403	桥梁工程	m/座	
YHGC 1040301	小桥	m/座	下挂桥梁养护工程分项表
	……		

表 B.0.1-1(续)

项 目 编 码	工程或费用名称	单位	备　注
YHGC 1040302	中桥	m/座	逐座分级，分别下挂桥梁养护工程分项表
YHGC 104030201	×××中桥(桥型、跨径)	m^2/m	
	……		
YHGC 1040303	大桥	m/座	逐座分级
YHGC 104030301	×××大桥(桥型、跨径)	m^2/m	按主桥和引桥分级；下挂桥梁养护工程分项表
	……		
YHGC 1040304	特大桥	m/座	逐座分级
YHGC 104030401	×××特大桥	m^2/m	按主桥和引桥分级；下挂桥梁养护工程分项表
	……		
YHGC 105	隧道工程	m/座	
YHGC 10501	拆(挖)除旧构造物	m^3	按拆除的结构及材料分级
	……		
YHGC 10502	短隧道	m/座	按分离、小净距、连拱隧道分级；下挂隧道养护工程分项表
	……		
YHGC 10503	中隧道	m/座	逐座分级。注明隧道形式，如分离、小净距、连拱隧道等
YHGC 1050301	×××隧道	m	下挂隧道养护工程分项表
	……		
YHGC 10504	长隧道	m/座	逐座分级
YHGC 1050401	×××隧道	m	下挂隧道养护工程分项表
	……		
YHGC 10505	特长隧道	m/座	逐座分级
YHGC 1050501	×××特长隧道	m	下挂隧道养护工程分项表
	……		
YHGC 10506	辅助工程	m	
YHGC 1050601	斜井	m/座	逐座分级
YHGC 105060101	××隧道×号斜井维修加固	m	按维修加固方式及不材料分级
	……		
YHGC 1050602	竖井	m/座	逐座分级
YHGC 105060201	××隧道×号竖井维修加固	m	按维修加固方式及材料分级
	……		

表 B. 0. 1-1(续)

项目编码	工程或费用名称	单位	备注
YHGC 106	交叉工程	公路公里	不同形式的交叉下挂路基、路面、桥梁涵洞工程等养护工程分项表
YHGC 10601	拆(挖)除旧建筑物	处	分别按交叉形式及路基、路面、桥涵拆除结构(材料)等分级
	……		
YHGC 10602	互通式立体交叉	处	
YHGC 1060201	××互通式立体交叉	km	按主线长度计算
YHGC 106060201	主线工程	km	下挂路基、路面、桥梁涵洞工程等养护工程分项表
YHGC 106060202	匝道工程	km	下挂路基、路面、桥梁涵洞工程等养护工程分项表
YHGC 10603	分离式立体交叉	处	
YHGC 1060301	××分离式立体交叉	m	注明与公路或铁路交叉
YHGC 106030101	分离式立交桥	m^2/m	注明主线下穿或主线上跨。下挂桥梁养护工程分项表
YHGC 106030102	被交路	km	注明被交路公路等级分级。下挂路基、路面、涵洞工程等养护工程分项表
	……		
YHGC 10604	天桥	处	
YHGC 1060401	天桥	m/处	按结构形式分级。下挂桥梁养护工程分项表
	……		
YHGC 1060402	被交路	km	下挂路基、路面、涵洞工程等养护工程分项表
	……		
YHGC 10605	渡槽	m/处	按结构形式分级。下挂桥梁工程等养护工程分项表
	……		
YHGC 10606	通道	处	
YHGC 1060601	桥式通道	座	按结构形式分级。下挂桥梁养护工程分项表
YHGC 1060602	涵式通道	道	按结构形式分级。下挂涵洞养护工程分项表
YHGC 1060603	被交路	km	下挂路基、路面等养护工程分项表
	……		

表 B. 0. 1-1(续)

项 目 编 码	工程或费用名称	单位	备 注
YHGC 10607	平面交叉	处	按被交路公路等级分级。下挂路基、路面等养护工程分项表
YHGC 107	交通工程及沿线设施	公路公里	
YHGC 10701	拆除旧设施	公路公里	按设施名称及类型分级
YHGC 10702	安全设施	公路公里	
YHGC 1070201	局部修复	km	按设施类型分级
YHGC 1070202	重建或新增	km	按设施类型及材料分级
	……		
YHGC 10703	机电工程	公路公里	
YHGC 1070301	收费系统	公路公里	
YHGC 1070302	监控系统	公路公里	
YHGC 1070303	通信系统	公路公里	
YHGC 1070304	供配电系统	公路公里	按不同的场站等或部位分级
YHGC 1070305	照明系统		
YHGC 1070306	隧道机电工程	km	按不同的隧道分级
YHGC 107030601	××隧道	km	
YHGC 10703060101	供电及照明系统	km	
YHGC 10703060102	隧道通风系统	km	
YHGC 10703060103	隧道消防系统	km	
	……		
YHGC 10704	管理、养护、服务房建工程	m^2	
YHGC 1070401	管理中心	m^2/处	逐个管理中心分级
YHGC 107040101	××管理中心	m^2	下挂房建养护工程分项表
YHGC 10704010101	房建工程	m^2	
	……		
YHGC 1070402	养护工区	m^2/处	逐个养护工区分级
YHGC 107040201	××养护工区	m^2	下挂房建养护工程分项表
YHGC 10704020101	房建工程	m^2	
	……		
YHGC 1070403	服务区	m^2/处	逐个服务区分级
YHGC 107040301	××服务区	m^2	下挂房建养护工程分项表
YHGC 10704030101	房建工程	m^2	
	……		
YHGC 1070404	停车区	m^2/处	逐个停车区分级

表 B. 0. 1-1(续)

项目编码	工程或费用名称	单位	备注
YHGC 107040401	××停车区	m^2	下挂房建养护工程分项表
YHGC 10704040101	房建工程	m^2	
	……		
YHGC 1070405	收费站	m^2/处	逐个收费站分级
YHGC 107040501	××收费站	m^2	下挂房建养护工程分项表
YHGC 10704050101	房建工程	m^2	下挂房建养护工程分项表
	……		
YHGC 10704050102	收费大棚	m^2/车道	按维修和重建或新增分级
	……		
YHGC 108	绿化及环境保护工程	公路公里	
YHGC 10801	挖(拆)除旧绿化及环境保护工程	公路公里	按挖除苗木及拆除设施分级
	……		
YHGC 10802	重(补)栽绿化工程	公路公里	按种植类及种植方式分级
YHGC 10803	喷灌设施	处	按维修和重建或新增及结构类型分级
	……		
YHGC 10804	声屏障	m/处	按维修和重建或新建及结构类型分级
	……		
YHGC 10805	污水处理设施	处	
YHGC 1080501	污水处理设施修复	项	按设施维修和设备分级
YHGC 1080502	污水处理设施完善	项	按重建或新建和设备分级
	……		
YHGC 10806	取、弃土场	处	按工程内容分级，下挂路基等养护工程分项表
YHGC 109	其他工程	公路公里	
YHGC 10901	联络线、支线工程	km/处	逐个分级，下挂路基、路面、桥梁涵洞、隧道工程等养护工程分项表
YHGC 10902	连接线工程	km/处	逐个分级、下挂路基、路面、桥梁涵洞、隧道工程等养护工程分项表
YHGC 10903	辅道工程	km/处	逐个分级，下挂路基、路面、桥梁涵洞、隧道工程等养护工程分项表
YHGC 10904	改路工程	km/处	下挂路基、路面、桥梁涵洞、隧道工程等养护工程分项表
YHGC 10905	改河(沟、渠)工程	m/处	下挂路基(土石方、排水沟)养护工程分项表
YHGC 10906	悬出路台	m/处	

表 B.0.1-1(续)

项目编码	工程或费用名称	单位	备注
YHGC 10907	渡口码头	处	
	……		
YHGC 110	专项费用	元	
YHGC 11001	施工场地建设费	元	
YHGC 11002	安全生产费	元	
	……		
YHGC 2	第二部分　土地使用及拆迁补偿费	公路公里	
YHGC 201	土地使用费	亩	
YHGC 20101	永久征用土地	亩	按土地类别分级
YHGC 20102	临时用地	亩	
YHGC 202	拆迁补偿费	元	
	……		
YHGC 3	第三部分　养护工程其他费用	公路公里	
YHGC 301	养护工程项目管理费	公路公里	
YHGC 30101	养护管理单位项目管理费	公路公里	
YHGC 30102	信息化费	公路公里	
YHGC 30103	工程监理费	公路公里	
YHGC 30104	设计文件审查费	公路公里	
YHGC 30105	竣(交)工验收试验检测费	公路公里	
YHGC 302	研究试验费	公路公里	
YHGC 303	前期工作费	公路公里	
YHGC 304	专项评价(估)费	公路公里	按评价项目分级
YHGC 305	工程保通管理费	公路公里	
YHGC 30501	公路运营保通管理费	元	
YHGC 30502	涉水工程通航保通管理费	元	
YHGC 30503	铁路运营保通管理费	元	
	……		
YHGC 306	工程保险费	公路公里	
YHGC 307	其他相关费用	公路公里	
YHGC 4	第四部分　预备费	公路公里	
YHGC 401	基本预备费	公路公里	
YHGC 402	价差预备费	公路公里	
YHGC 5	第一至四部分合计	公路公里	
YHGC 6	公路养护工程总费用	公路公里	

表 B. 0. 1-2 路基养护工程项目分表(LJ)

项 目 编 码	工程或费用名称	单位	备 注
LJ01	清理现场	m^3	
LJ0101	清除表土	m^3	
LJ0102	清理危石	m^3	
LJ0103	清除塌方	m^3	按清理土、石分级
	……		
LJ02	路基病害防(处)治	m/处	
LJ0201	路基沉降	m/处	按处治方式及材料分级
LJ0202	桥头跳车	m/处	按处治方式及材料分级
LJ0203	路基翻浆	m/处	按处治方式及材料分级
LJ0204	路基开裂滑移	m/处	按处治方式及材料分级
LJ0205	失稳、水毁边坡	m/处	按处治方式及材料分级
LJ0206	防风(砂)、防雪处治	m/处	按处治方式及材料分级
	……		
LJ03	路基修复完善	km	
LJ0301	路基挖方	m^3	
LJ030101	挖土方	m^3	挖、装、运
LJ030102	挖石方	m^3	挖、装、运
	……		
LJ0302	路基填方	m^3	
LJ030201	利用方填筑	m^3	按填筑材料分级
LJ030202	借方填筑	m^3	按填筑材料分级
LJ030203	掺灰路基	m^3	按掺入的材料分级
	……	m^3	
LJ0303	结构物台背回填	m^3	按结构及材料分级
	……		
LJ0304	排水工程	km	
LJ030401	排水工程修复	m^3/m	按结构形式及材料分级
LJ03040101	边沟维修	m^3/m	按圬工材料分级
LJ03040102	排水沟维修	m^3/m	按圬工材料分级
LJ03040103	截水沟维修	m^3/m	按圬工材料分级
LJ03040104	急流槽维修	m^3	按圬工材料分级
	……		
LJ030402	重建或新增排水工程	m^3/m	
LJ03040201	边沟	m^3/m	按不同材料分级
	……		

表 B.0.1-2(续)

项目编码	工程或费用名称	单位	备注
LJ03040202	排水沟	m^3	按不同材料分级
	……		
LJ03040203	截水沟	m^3	按不同材料分级
	……		
LJ03040204	急流槽	m^3	按不同材料分级
	……		
LJ03040205	暗(渗)沟	m^3/m	按不同材料分级
LJ03040206	其他排水工程	m^3	按结构形式及材料分级
	……		
LJ0305	防护工程	m^3	不含植物防护
LJ030501	防护工程修复	m^3	按防护形式及材料分级
	……		
LJ030502	重建或新增防护工程	m^3/m	按防护形式及材料分级
	……		
LJ0306	特殊路基处理	km	
LJ030601	软土地基处理	km	按处理方式及材料分级
	……	m^3	
LJ030602	不良地质路段处治	km	按不良地质类型和处理方式及材料分级
	……		
LJ030603	特殊路基处理	km	按不同的处理方式及材料分级
LJ03060301	新老路基拼接处理	m	
LJ03060302	低填浅挖路基处理	m	
LJ03060303	填挖交界路基处理	m	
LJ03060304	高填路堤路基处理	m	
	……		

表 B.0.1-3　路面养护工程项目分表(LM)

项目编码	工程或费用名称	单位	备注
	……		
LM01	路面病害防(处)治	m^2	
LM0101	沥青混凝土路面	m^2	按病害类型分级
LM010101	防损、防水、防滑、抗老化等表面处治	m^2	按防治方式及材料分级
LM010102	修补坑槽	m^2	按处治方式及材料分级
LM010103	修补裂缝	m	按处治方式及材料分级

表 B. 0. 1-3(续)

项目编码	工程或费用名称	单位	备注
LM010104	车辙、拥包、泛油等处治	m^2	
LM010105	沉陷处治	m^2	按处治方式及材料分级
	……		
LM0102	水泥混凝土路面	m^2	按病害类型分级
LM010201	防滑、防剥落防治	m^2	按处治方式及材料分级
LM010202	板底脱空、沉陷处治	m^2	按处治方式及材料分级
LM010203	接缝处治	m	按处治方式及材料分级
LM010204	破碎板修补	m^2	按处治方式及材料分级
LM010205	裂缝修补	m	按处治方式及材料分级
	……		
LM0103	路肩修补	m^3	
LM0104	路面排水修补	m	按修补内容及材料分级
LM0105	中间带缘石修补	m^3	
	……		
LM02	修复或新增路面	m^2	
LM0201	垫层	m^2	按结构类型和厚度及材料分级
LM0202	底基层	m^2	按结构类型和厚度及材料分级
LM0203	基层	m^2	按结构类型和厚度及材料分级
LM0204	透层	m^2	按材料分级
LM0205	封层	m^2	按结构及材料分级
LM0206	黏层	m^2	按材料分级
LM0207	沥青混凝土面层	m^2	按结构类型及结构厚度分级
	……		
LM0208	水泥混凝土面层	m^2	按水泥混凝土和钢筋分级；水泥混凝土面层需注明厚度
LM0209	路肩加固	m^3	按结构类型及材料分级
LM0210	路面排水	m	按材料及形式分级
	……		
LM011	中间带	m	
	……		

表 B.0.1-4 涵洞养护工程项目分表(HD)

项 目 编 码	工程或费用名称	单位	备 注
HD01	涵洞修复完善	道	
HD0101	洞口维修加固	m^3/个	按加固方式及材料分级
HD0102	涵身修复完善	m^3/道	按涵洞形式和加固方式及材料分级
HD010201	涵身维修加固	m^3/道	按涵洞形式和加固方式及材料分级
HD010202	涵身接长	m/道	按涵洞形式分级
HD02	重建或新增涵洞	m/道	按涵洞形式及孔径分级
	……		

表 B.0.1-5 桥梁养护工程项目分表(QL)

项 目 编 码	工程或费用名称	单位	备 注
QL01	桥梁病害防(处)治	m^2	以处治病害的桥面面积计量
QL0101	防腐、防锈、防侵蚀处理	m^2	按部位及处治方式及材料分级
QL0102	桥梁结构修复	m^2	以维修的桥面面积计量
QL010201	桥面系及支座	m^2	以维修的桥面面积计量
QL01020101	桥面铺装	m^2	按维修和重铺及材料分级
QL01020102	护栏	m	按维修和重建及材料分级
QL01020103	伸缩装置维修更换	m	按材料分级
QL01020104	支座维修更换	个	按支座类型分级
QL010202	上部构造修复	m^2	按修复的桥面面积计量
QL01020201	上部构造维修加固	m^2	按维修的桥面面积计量。按结构类型和加固部位、加固方式、加固材料分级
QL01020202	上部构件更换	m^3	按结构类型及材料分级
QL010203	下部结构维修加固	m^2	按维修的桥面面积计量
QL01020301	桥台	m^3	按结构类型和加固方式、加固材料分级
QL01020302	桥墩	m^3	按结构类型和加固方式、加固材料分级
	……		
QL010204	基础修复	m^3	按基础形式和加固方式及加固材料分级
	……		
QL010205	附属及调治工程修复完善	m^3	按结构类型及加固方式、加固材料分级
	……		
QL010206	桥梁抗震加固	m^2	以加固的桥面面积计量
	……		
QL0103	加宽、加高、重建、新建桥梁工程	m^2/m	以桥长及桥面面积计量
QL010301	桥面系及支座	m^2	以桥面积计量

表 B. 0. 1-5(续)

项目编码	工程或费用名称	单位	备注
QL01030101	桥面铺装	m^2	
QL01030102	护栏	m	按结构及材料分级
QL01030103	防落物网	m	
QL01030104	伸缩缝	m	按材料分级
	……		
QL01030105	支座		按材料及支座形式分级
	……		
QL010302	上部构造	m^2	特大、大、中型桥梁需注明孔数、跨径
QL01030201	钢筋混凝土矩形板	m^3	按现浇、预制混凝土构件分级
QL01030202	钢筋混凝土空心板	m^3	按现浇、预制混凝土构件分级
QL01030203	预应力混凝土空心板	m^3	按现浇、预制混凝土构件分级
QL01030204	预应力混凝土箱梁	m^3	按现浇、预制混凝土构件分级
QL01030205	预应力混凝土 T 梁	m^3	按现浇、预制混凝土构件分级
QL01030206	拱桥	m^3	按材料分级
	……		
QL010302	下部构造		
QL01030201	桥台	m^3	按结构形式分级
QL01030202	桥墩	m^3	按结构形式分级
	……		
QL010304	基础工程	m^3	
QL01030401	扩大基础	m^3	按圬工材料分级
QL01030402	桩基础	m^3/m	
	……		
QL010305	附属及调治工程	m^3	按结构形式及圬工材料分级
	……		

表 B. 0. 1-6　隧道养护工程项目分表(SD)

项目编码	工程或费用名称	单位	备注
SD01	隧道病害防治	m	
SD0101	防腐、防水等防侵蚀处治	m^2	按处治材料及处治方式分级
	……		
SD02	隧道病害修复	m	
SD0201	洞口维修加固	m^3	按结构形式及加固方式、加固材料分级
SD0202	洞门建筑维修加固	m^3/座	按加固方式及材料分级
SD0203	明洞维修加固	m	按加固方式、加固及材料分级

表 B.0.1-6(续)

项目编码	工程或费用名称	单位	备注
SD0204	洞身衬砌维修加固	m	按结构部位及加固方式、加固材料分级
SD020401	隧道衬砌空洞处理	m^3	按处理方式及材料分级
SD020402	围岩注浆加固处理	m^3	按处理方式及材料分级
SD020403	锚杆加固	kg	
SD020404	衬砌裂缝处理	m	按处理方式及材料分级
	……		
SD0204	洞内管、沟维修加固	m	
SD0205	防排水维修更换	m	按材料及部位分级
SD0206	路面维修	m^2	按路面结构及维修方式、材料等分级
SD0207	辅助工程	m	
SD020701	斜井维修加固	m	按部位及维修加固方式、加固材料分级
SD020702	竖井维修加固	m	按部位及维修加固方式、加固材料分级
	……		

表 B.0.1-7　房建养护工程项目分表(FJ)

项目编码	工程或费用名称	单位	备注
FJ01	房建工程修复	m^2	
FJ0101	房屋工程维修加固	m^2	按加固方式或加固部位分级
FJ0102	配套设施修复完善	m^2	按水电暖消防排污等设施分级
FJ0103	附属设施修复完善	m^2	按围墙、大门、道路、场区硬化、绿化、排水等分级
FJ0104	设备更换	m^2	按设备购置和安装等分级
	……		
FJ02	重建或新增房建工程	m^2	
FJ0201	房屋工程	m^2	
FJ0202	配套设施	m^2	按水电暖消防排污等设施分级
FJ0203	附属设施	m^2	按围墙、大门、道路、场区硬化、绿化、排水等分级
FJ0204	新增设备	m^2	按设备购置和安装等分级
	……		

附录C　设备与材料的划分标准

C.0.1　工程养护设备与材料的划分，直接关系到投资构成的合理划分、预算的编制以及施工产值的计算等方面，为合理确定工程造价，加强对养护过程投资管理，统一预算编制口径，现对交通工程中设备与材料的划分提出如下划分原则和规定。本规定与国家主管部门颁布的规定相抵触时，按国家规定执行。

C.0.2　设备与材料的划分原则：

1　凡是经过加工制造，由多种材料和部件按各自用途组成生产加工、动力、传送、储存、运输、科研等功能的机器、容器和其他机械、成套装置等均为设备。设备分为标准设备和非标准设备。

1）标准设备（包括通用设备和专用设备）：按国家规定的产品标准批量生产的、已进入设备系列的设备。

2）非标准设备：国家未定型、非批量生产的，由设计单位提供制造图纸，委托承制单位或施工企业在工厂或施工现场制作的设备。

2　设备一般包括下列各项：

1）各种设备的本体及随设备到货的配件、备件和附属于设备本体制作成型的梯子、平台、栏杆及管道等。

2）各种计量器、仪表及自动化控制装置、试验的仪器及属于设备本体部分的仪器。

3）仪表等。附属于设备本体的油类、化学药品等设备的组成部分。

4）用于生产或生活或附属于建筑物的水泵、锅炉及水处理设备、电气、通风设备等。

3　完成建筑、安装工程所需的原料和经过工业加工在工艺生产过程中不起单元工艺生产用的设备本体以外的零配件、附件、成品、半成品等均为材料。材料一般包括下列各项：

1）设备本体以外的不属于设备配套供货，需由施工企业进行加工制作或委托加工的平台、梯子、栏杆及其他金属构件等，以及以成品、半成品形式供货的管道、管件、阀门、法兰等。

2）设备本体以外的各种行车轨道、滑触线、电梯的滑轨等均为材料。

C.0.3　设备与材料的划分界限：

1　设备：

1）通信系统：

市内、长途电话交换机，程控电话交换机，微波、载波通信设备，电报和传真设备，中、短波通信设备及中短波电视天馈线装置，移动通信设备、卫星地球站设备，通信电源设备，光纤通信数字设备，有线广播设备等各种生产及配套设备和随机附件等。

2）监控和收费系统：

自动化控制装置、计算机及其终端、工业电视、检测控制装置、各种探测器、除尘设备、分析仪表、显示仪表、基地式仪表、单元组合仪表、变送器、传送器及调节阀、盘上安装器、压力、温度、流量、差压、物位仪表，成套供应的盘、箱、柜、屏（包括箱和已经安装就位的仪表、组件等）及随主机配套供应的仪表等。

3）电气系统：

各种电力变压器、互感器、调压器、感应移相器、电抗器、高压断路器、高压熔断器、稳压器、电源调整器、高压隔离开关、装置式空气开关、电力电容器、蓄电池、磁力启动器、交直流报警器、成套箱式变电站、共箱母线、封密式母线槽，成套供应的箱、盘、柜、屏及其随设备带来的母线和支持瓷瓶等。

4）通风及管道系统：

空气加热器、冷却器、各种空调机、风尘管、过滤器、制冷机组、空调机组、空调器、各类风机、除尘设备、风机盘管、净化工作台、风淋室、冷却塔、公称直径300mm以上的人工阀门和电动阀门等。

5）房屋建筑：

电梯、成套或散装到货的锅炉及其附属设备、汽轮发电机及其附属设备、电动机、污水处理装置、电子秤、地中衡、开水炉、冷藏箱，热力系统的除氧器水箱和疏水箱，工业水系统的工业水箱，油冷却系统的油箱，酸碱系统的酸碱储存槽，循环水系统的旋转滤网，启闭装置的启闭机等。

6）消防及安全系统：

隔膜式气压水罐（气压罐）、泡沫发生器、比例混合器、报警控制器、报警信号前端传输设备、无线报警发送设备、报警信号接收机、可视对讲主机、联动控制器、报警联动一体机、重复显示器、远程控制器、消防广播控制柜、广播功放、录音机、广播分配器、消防通信电话交换机、消防报警备用电源、X射线安全检查设备、金属武器探测门、摄像设备、监视器、镜头、云台、控制台、监视器柜、支台控制器、视频切换器、全电脑视频切换设备、音频、视频、脉冲分配器、视频补偿器、视频传输设备、汉字发生设备、录像、录音设备、电源、CRT显示终端、模拟盘等。

7）炉窑砌筑：

装置在炉窑中的成品炉管、电机、鼓风机和炉窑传动、提升装置，属于炉窑本体的金属铸体、锻件、加工件及测温装置、仪器仪表、消烟、回收、除尘装置，随炉供应已安装就位的金具、耐火衬里、炉体金属预埋件等。

8）各种机动车辆。

9）各种工艺设备在试车时必须填充的一次性填充材料（如各种瓷环、钢环、塑料环、钢球等），各种化学药品（如树脂、珠光砂、触煤、干燥剂、催化剂等）及变压器油等，不论是随设备带来的，还是单独订货购置的，均视为设备的组成部分。

2　材料：

1）各种管道、管件、配件、公称直径300mm以内的人工阀门、水表、防腐保温及绝缘材料、油漆、支架、消火栓、空气泡沫枪、泡沫炮、灭火器、灭火机、灭火剂、泡沫液、水泵接合器、可曲橡胶接头、消防喷头、卫生器具、钢制排水漏斗、水箱、分气缸、疏水器、减压器、压力表、温度计、调压板、散热器、供暖器具、凝结水箱、膨胀水箱、冷热水混合器、除污器、分水缸（器）、各种风管及其附件和各种调节阀、风口、风帽、罩类、消声器及其部（构）件、散流器、保护壳、风机减震台座、减震器、凝结水收集器、单双人焊接装置、煤气灶、煤气表、烘箱灶、火管式沸水器、水型热水器、开关、引火棒、防雨帽、放散管拉紧装置等。

2）各种电线、母线、绞线、电缆、电缆终端头、电缆中间头、吊车滑触线、接地母线，接地极、避雷线、避雷装置（包括各种避雷器、避雷针等）、高低压绝缘子、线夹、穿墙套管、灯具、开关、灯头盒、开关盒、接线盒、插座、闸盒保险器、电杆、横担、铁塔、各种支架、仪表插座、桥架、梯架、立柱、托臂、人孔手孔、挂墙照明配电箱、局部照明变压器、按钮、行程开关、刀闸开关、组合开关、转换开关、铁壳开关、电扇、电铃、电表、蜂鸣器、电笛、信号灯、低音扬声器、电话单机、熔断器等。

3）循环水系统的钢板闸门及拦污栅、启闭构架等。

4）现场制作与安装的炉管及其他所需的材料或填料，现场砌筑用的耐火、耐酸、保温、防腐、捣打料，绝热纤维、天然白泡石、玄武岩、金具、炉门及窥视孔、预埋件等。

5）所有随管线（路）同时组合安装的一次性仪表、配件、部件及组件（包括就地安装的温度计、压力表）等。

6）制造厂以散件或分段分片供货的塔、器、罐等，在现场拼接、组装、焊接、安装内件或改制时所消耗的物料均为材料。

各种金属材料、金属制品、焊接材料、非金属材料、化工辅助材料、其他材料等。

3　对于一些在制造厂未整体制作完成的设备，或分片压制成型，或分段散装供货的设备，需要建安工人在施工现场加工、拼装、焊接的，按上述划分原则和其投资构成应属于设备费。为合理反映建安工人付出的劳动和创造的价值，可按其在现场加工组装焊接的工作量，将其分片或组装件按其设备价值的一部分以加工费的形式计入安装工程费内。

4　供应原材料，在施工现场制作安装或施工企业附属生产单位为本单元承包工程制作并安装的非标准设备，除配套的电机、减速机外，其加工制作消耗的工、料(包括主材)、机等均应计入安装工程费内。

5　凡是制造厂未制造完成的设备，已分片压制成型、散装或分段供货，需要建安工人在施工现场拼装、组装、焊接及安装内件的，其制作、安装所需的物料为材料，内件、塔盘为设备。

附录 D　全国风沙地区公路施工区划分表

区划	沙漠(地)名称	地理位置	自然特征
风沙一区	呼伦贝尔沙地、嫩江沙地	呼伦贝尔沙地位于内蒙古呼伦贝尔平原，嫩江沙地位于东北平原西北部嫩江下游	属半干旱、半湿润严寒区，年降水量 280～400mm，年蒸发量 1 400～1 900mm，干燥度 1.2～1.5
	科尔沁沙地	散布于东北平原西辽河中、下游主干及支流沿岸的冲积平原上	属半湿润温冷区，年降水量 300～450mm，年蒸发量 1 700～2 400mm，干燥度 1.2～2.0
	浑善达克沙地	位于内蒙古锡林郭勒盟南部和赤峰市西北部	属半湿润温冷区，年降水量 100～400mm，年蒸发量 2 200～2 700mm，干燥度 1.2～2.0，年平均风速 3.5～5m/s，年大风日数 50～80d
	毛乌素沙地	位于内蒙古鄂尔多斯中南部和陕西北部	属半干旱温热区，年降水量东部 400～440mm，西部仅 250～320mm，年蒸发量 2 100～2 600mm，干燥度 1.6～2.0
	库布齐沙漠	位于内蒙古鄂尔多斯北部，黄河河套平原以南	属半干旱温热区，年降水量 150～400mm，年蒸发量 2 100～2 700mm，干燥度 2.0～4.0，年平均风速 3～4m/s
风沙二区	乌兰布和沙漠	位于内蒙古阿拉善东北部，黄河河套平原西南部	属干旱温热区，年降水量 100～145mm，年蒸发量 2 400～2 900mm，干燥度 8.0～16.0，地下水相当丰富，埋深一般为 1.5～3m
	腾格里沙漠	位于内蒙古阿拉善东南部及甘肃武威部分地区	属干旱温热区，沙丘、湖盆、山地、残丘及平原交错分布，年降水量 116～148mm，年蒸发量 3 000～3 600mm，干燥度 4.0～12.0
	巴丹吉林沙漠	位于内蒙古阿拉善西南边缘及甘肃酒泉部分地区	属干旱温热区，沙山高大密集，形态复杂，起伏悬殊，一般高 200～300m，最高可达 420m，年降水量40～80mm，年蒸发量 1 720～3 320mm，干燥度 7.0～16.0

续上表

区划	沙漠(地)名称	地理位置	自然特征
风沙二区	柴达木沙漠	位于青海柴达木盆地	属极干旱寒冷区，风蚀地、沙丘、戈壁、盐湖和盐土平原相互交错分布，盆地东部年均气温2～4℃，西部为1.5～2.5℃，年降水量东部为50～170mm，西部为10～25mm，年蒸发量2 500～3 000mm，干燥度16.0～32.0
	古尔班通古特沙漠	位于新疆北部准噶尔盆地	属干旱温冷区，其中固定、半固定沙丘面积占沙漠面积的97%，年降水量70～150mm，年蒸发量1 700～2 200mm，干燥度2.0～10.0
风沙三区	塔克拉玛干沙漠	位于新疆南部塔里木盆地	属极干旱炎热区，年降水量东部20mm左右，南部30mm左右，西部40mm左右，北部50mm以上，年蒸发量在1 500～3 700mm，中部达高限，干燥度大于32.0
	库姆达格沙漠	位于新疆东部、甘肃西部，罗布泊低地南部和阿尔金山北部	属极干旱炎热区，全部为流动沙丘，风蚀严重，年降水量10～20mm，年蒸发量2 800～3 000mm，干燥度大于32.0，8级以上大风天数在100d以上

本导则用词用语说明

1　本导则执行严格程度的用词，采用下列写法：

1）表示很严格，非这样做不可的用词，正面词采用“必须”，反面词采用“严禁”；

2）表示严格，在正常情况下均应这样做的用词，正面词采用“应”，反面词采用“不应”或“不得”；

3）表示允许稍有选择，在条件许可时首先应这样做的用词，正面词采用“宜”，反面词采用“不宜”；

4）表示有选择，在一定条件下可以这样做的用词，采用“可”。

2　引用标准的用语采用下列写法：

1）在标准总则中表述与相关标准的关系时，采用“除应符合本导则的规定外，尚应符合国家和行业现行有关标准的规定”；

2）在标准条文及其他规定中，当引用的标准为国家标准和行业标准时，表述为“应符合《××××××》（×××）的有关规定”；

3）当引用本标准中的其他规定时，表述为“应符合本导则第×章的有关规定”、“应符合本导则第×.×节的有关规定”、“应符合本导则第×.×.×条的有关规定”或“应按本导则第×.×.×条的有关规定执行”。

附件

《公路养护预算编制导则》

（JTG 5610—2020）

条 文 说 明

1 总则

1.0.1 由于各省(自治区、直辖市)公路养护管理体制、养护水平差别较大，本导则主要用于指导各类公路养护造价依据的制修订工作，包括行业标准、地方标准、团体标准等。

1.0.2 本导则的主要目标是推动公路养护预算的标准化、规范化、信息化，统一公路养护预算科目，计算方法，项、目、节编码规则，通过各省（自治区、直辖市）制订地方造价依据，明确费率水平，充分反映各地公路养护特点和水平。

（1）根据《公路工程建设项目造价文件管理导则》（JTG 3810—2017），造价依据指用于各阶段造价文件所依据的办法、规则、定额、费用标准、造价指标以及其他相关的基价标准。

（2）本导则不适用于公路改扩建工程预算造价依据和造价文件的编制。

3 养护检查

3.1 费用组成

3.1.1 养护检查指对公路及其附属设施使用状况和技术状况进行的各种形式和频率的巡查、检查或检测，并进行评定。

（1）养护检查可及时发现缺损和所处环境的变化，按检查结果对公路及沿线设施的即时状况进行分类评定，为公路养护科学合理决策提供基础数据和资料。

（2）养护检查现场需登记所检项目的缺损类型，估计缺损范围及养护工作量，提出相应的养护措施建议，为编制辖区内的养护计划提供依据。

3.1.2 经常巡查及检查费说明如下：

（1）日常巡查指对公路及其附属设施表观和使用状况等进行的日常巡视。

（2）经常检查指对公路及其附属设施的使用状况和病害状况进行的周期性定性检查。

（3）一般性判定指依据日常巡查或经常检查结果，对公路及其附属设施使用状况和病害严重程度及发展趋势等进行的定性判断。

3.1.4 定期检查及评定费说明如下：

（1）定期检查指对公路及其附属设施基本技术状况进行的周期性全面调查及检测。

（2）技术状况评定指根据定期检查结果，对公路及其附属设施基本技术状况指标和等级进行的定量评定。

3.2 计算方法

3.2.4 经常巡查及检查费指标说明如下：

（1）高速公路、一级公路因设有中央隔离设施，道路工程经常巡查及检查需上行方向、下行方向分别实施，一般按单方向检查工作内容制定费用指标；桥梁一般按单幅制定指标；隧道一般按单洞制定指标。其他等级公路一般不设中央隔离设施，可以按双方向同时检查的工作内容制定费用指标。

（2）桥梁工程中悬索桥、斜拉桥、拱桥等检查内容和重点不同，可以分别制定经常巡查及检查费指标。

（3）在本导则基础上细化指标分类举例：如根据绿化工程养护要求不同，道路工程中可以单独制定绿化工程指标。

（4）经常巡查及检查费指标分类举例见表3-1。

表3-1 经常巡查及检查费指标分类举例

名称		单位
道路工程	平原微丘	元/(公里·年)
	山岭重丘	
桥涵工程	悬索桥	元/(米·年)
	斜拉桥	
	钢管拱	
	连续刚构	
	其他桥梁	
	涵洞	元/(道·年)
隧道工程		元/(米·年)
机电工程	隧道机电系统	元/(米·年)
	其他机电系统	元/(公里·年)

3.2.6 定期检查及评定费指标说明如下：

（1）如桥梁工程中悬索桥、斜拉桥、拱桥等检查内容和重点不同，可以分别制定定期检查及评定费指标。

（2）在本导则基础上细化指标分类举例：如根据路面工程养护要求不同，道路工程中可以单独制定路面工程指标。收费系统机电设施养护要求不同，机电工程中可单独制定收费系统指标，宜按收费站单条收费车道或单处收费门架检查内容制定指标。

（3）定期检查及评定费指标分类举例见表3-2。

表3-2 定期检查及评定费指标分类举例

名称		单位
道路工程		元/(公里·车道·年)
桥涵工程	悬索桥	元/(米·年)
	斜拉桥	
	钢管拱	
	连续刚构	
	其他桥梁	
	涵洞	元/(道·年)
隧道工程		元/(米·年)
机电工程	隧道机电系统(特长、长隧道)	元/(米·年)
	隧道机电系统(中、短隧道)	
	其他机电系统	元/(公里·年)

4 日常养护

4.0.4 日常养护费用指标分类举例见表4-1。

表4-1 日常养护费用指标分类举例

<table>
<tr><th colspan="2">名　称</th><th>单　位</th></tr>
<tr><td colspan="2">道路工程</td><td>元/(公里·年)</td></tr>
<tr><td rowspan="6">桥涵工程</td><td>悬索桥</td><td rowspan="6">元/(米·年)</td></tr>
<tr><td>斜拉桥</td></tr>
<tr><td>钢管拱</td></tr>
<tr><td>连续刚构</td></tr>
<tr><td>其他桥梁</td></tr>
<tr><td>涵洞</td></tr>
<tr><td rowspan="4">隧道工程</td><td>特长隧道</td><td rowspan="4">元/(米·年)</td></tr>
<tr><td>长隧道</td></tr>
<tr><td>中隧道</td></tr>
<tr><td>短隧道</td></tr>
<tr><td rowspan="3">机电工程</td><td>隧道机电系统(特长、长隧道)</td><td rowspan="2">元/(米·年)</td></tr>
<tr><td>隧道机电系统(中、短隧道)</td></tr>
<tr><td>其他机电系统</td><td>元/(公里·年)</td></tr>
<tr><td rowspan="2">房建工程</td><td>房屋工程</td><td rowspan="2">元/(平方米·年)</td></tr>
<tr><td>场区工程</td></tr>
</table>

5 养护工程

5.1 基本规定

5.1.2 养护工程相关说明如下：

（1）预防养护是指公路整体性能良好但有较轻微病害，为延缓性能过快衰减、延长使用寿命而预先采取的主动防护工程。

（2）修复养护是指公路出现明显病害或部分丧失服务功能，为恢复技术状况而进行的功能性、结构性修复或定期更换。

（3）专项养护指为恢复、保持或提升公路服务功能而集中实施的完善增设、加固改造、拆除重建、灾后恢复等工程。

（4）应急养护指在突发情况下造成公路损毁、中断、产生重大安全隐患等，为较快恢复公路安全通行能力而实施的应急性抢通、保通、抢修。公路突发情况包括交通事故、自然灾害（水毁、泥石流、地震、雨雪、风害、沙害、冰害等）等原因，造成或可能造成公路交通运行中断的情况。应急养护包括发生突发情况后，以最快恢复公路通行为目标，按照先抢通后修复的原则，组织开展的应急性抢通、保通、抢修工程及保障措施等临时性或永久性应急处置措施，但不包括按照项目进行管理的灾后恢复工程。应急保障措施相关费用如应急便道、便桥及相关附属设施费用，保通值守人员费用、交通组织管理费用等。

5.1.8 养护工程预算编制说明如下：

（1）养护工程预算需按一个养护工程项目分类进行编制，一个养护工程项目需分别编制预防养护、修复养护、专项养护预算。

（2）公路养护费用预算汇总表指养护费用预算（单位）汇总表（0-0 表）、养护费用预算（线路）汇总表（0-1 表）、养护费用预算（等级）汇总表（0-2 表）、养护费用预算（基础）汇总表（0-3 表）。

5.1.9 下挂的预算项目分项编号采用部（1 位数）、项（2 位数）、目（2 位数）、节（2 位数）、细目（2 位数）组成，以部、项、目、节、细目等依次逐层展开，预算分项编号详见本导则附录 B。

5.2 建筑安装工程费

5.2.2 定额建筑安装工程费是取费基数，包括定额直接费、定额设备购置费的40%、措施费、企业管理费、规费、利润、税金和专项费用。

（1）定额直接费是定额人工费、定额材料费、定额施工机械使用费之和，按工程量乘以现行的造价依据中的基价进行计算。

（2）定额人工费是指按现行造价依据中规定的人工工日基价计算的费用，即定额中人工消耗量乘以人工工日基价计算的费用。

（3）定额材料费是指按现行造价依据中规定的材料基价计算的费用，即定额中材料消耗量乘以材料基价计算的费用。

（4）定额施工机械使用费是指按现行造价依据中规定的施工机械台班基价计算的费用，即定额中施工机械消耗量乘以施工机械台班基价计算的费用。

（5）定额设备购置费是指按现行造价依据中规定的设备基价计算的费用，即设备数量乘以设备基价计算费用。

5.2.3 直接费中的人工费说明如下：

（1）人工为综合工日单价，不区分工种，即公路养护工程所有用工（例如小工、混凝土工、钢筋工、木工、起重工、张拉工、机电设备维修工、施工机械工等）都采用同一综合工日单价。

（2）综合工日单价已包括由个人缴纳的社会保险费（养老保险费、失业保险费、医疗保险费、工伤保险费）和住房公积金。

（3）综合工日单价不同于公路养护人工劳务市场价，其主要区别在于：

①工作时间不同。综合工日单价常见的按每天工作8h考虑，隧道按每天工作7h考虑，潜水工按每天工作6h考虑。调研结果表明，公路养护市场劳务用工普遍按每天工作10h左右考虑的。

②企业应支出的“四险一金”不同。公路养护工程预算根据国家法律、法规规定，由企业支付的社会保险费和住房公积金需单独计算，而公路养护人工劳务市场价一般已包含上述费用。

③其他费用计算不同。公路养护工程预算的工人的冬、雨、夜施工的补助，工地转移，取暖补贴，主副食补贴，探亲路费等是单独计算的，而公路养护人工劳务市场价不再单独计算。

5.2.5 工程类别划分是指将各类分项工程进行分类，并根据不同的工程类别制定各项费率，便于计算。计算分项工程费时，需按工程类别及规定的相应费率计算措施费和企业管理费。

5.2.8 措施费说明如下：

基本措施费费率分区制定表格样式举例见表5-1。

表5-1 基本措施费费率分区制定表格样式举例

工程类别	费率（%）		
	一类地区	二类地区	三类地区
路基			
运输			
路面			
隧道			
桥梁			
机电			
钢材及钢结构			

风沙地区施工增加费中，风沙地区的划分根据《公路自然区划标准》《沙漠地区公路建设成套技术研究报告》的公路自然区划和沙漠公路区划，结合风沙地区的气候状况，将风沙地区分为三区九类：半干旱、半湿润沙地为风沙一区，干旱、极干旱寒冷沙漠地区为风沙二区，极干旱炎热沙漠地区为风沙三区。根据覆盖度（沙漠中植被、戈壁等覆盖程度）又将每区分为固定沙漠（覆盖度大于50%）、半固定沙漠（覆盖度10%~50%）、流动沙漠（覆盖度小于10%）三类。覆盖度由工程勘察设计人员在公路养护工程勘察设计时确定。

5.3 土地使用及拆迁补偿费

5.3.5 水土保持补偿费是指根据《中华人民共和国水土保持法》《财政部 国家发展改革委 水利部 中国人民银行关于印发〈水土保持补偿费征收使用管理办法〉的通知》等相关法律、法规的规定征收的水土保持补偿费。

5.4 养护工程其他费用

5.4.1 本导则的养护工程项目信息化费、工程监理费、设计文件审查费、竣（交）工验收试验检测费、前期工作费等费率为确定养护工程项目预算的依据，不能作为以上项目实施时的招标投标价格或项目支付依据。

5.4.2 养护工程项目管理费说明如下：

（1）养护管理单位项目管理费中的审计是指养护管理单位内审费用，外部审计费用则由审计单位的专项经费支付，如财政专项经费。

(2) 工程监理费说明如下:

①工程监理费包括公路养护所有的监理费用，包括但不限于土建、机电、环保、水保、房建等。

②养护管理单位若另行委托有资质的单位承担试验检测、计量支付费用监理等，其费用由工程监理费中支列。

5.4.3 计算研究试验费时，若一个养护工程项目有几个勘察设计标段，需按设计提出的研究试验内容和要求统筹进行编制。

5.4.6 工程保通管理费仅为保通管理方面的费用，其他保通措施需根据保通工程方案另行计算，例如保通便道、保通安全设施等则需根据设计方案单独计算。

5.4.7 工程保险费是指工地范围内发生的保险，材料和设备运输保险不在其中，施工企业的办公、生活、施工机械、员工的人身意外险在企业管理费中支出。设备的保险费用在设备单价中计列。